2024年双一流SYL-30鲁迅美术学院人文学院人才培养内涵建设
（文化传播与管理专业方向）经费支持资助项目

文化艺术品牌推广营销

马 雪◎著

图书在版编目（CIP）数据

文化艺术品牌推广营销 / 马雪著. -- 北京 : 中国戏剧出版社, 2025. 6. -- ISBN 978-7-104-05675-1

Ⅰ. G114

中国国家版本馆CIP数据核字第2025Q2M556号

文化艺术品牌推广营销

责任编辑：赵宇欣
责任印制：冯志强

出版发行	中国戏剧出版社
出 版 人	樊国宾
社　　址	北京市西城区天宁寺前街2号国家音乐产业基地L座
邮　　编	100055
网　　址	www.theatrebook.cn
电　　话	010-63385980（总编室）　010-63381560（发行部）
传　　真	010-63381560

读者服务：010-63381560
邮购地址：北京市西城区天宁寺前街2号国家音乐产业基地L座

印　　刷	北京九州迅驰传媒文化有限公司
开　　本	787mm×1092mm　1/16
印　　张	14.25
字　　数	215千字
版　　次	2025年6月　北京第1版第1次印刷
书　　号	ISBN 978-7-104-05675-1
定　　价	88.00元

版权专有，违者必究；如有质量问题，请与出版社联系调换。

艺术的伟大在于它能反映人的真正情感、人内心的深厚奥秘以及这个热情的世界。

艺术是生活的镜像，生活给了艺术再创造的灵感和力量。愿我们每一个人都能悠游于生活之上，自在地聆听艺术和一切无声之物的语言。

序言

在浩瀚的人类文明长河中，文化艺术犹如璀璨的星辰，以其独特的光芒照亮着人类前行的道路。随着时代的变迁，文化艺术的形式与内容不断演变，但其作为人类精神寄托与情感表达的核心价值始终未变。在当今这个全球化与数字化交织的时代，文化艺术品牌的推广与营销成为连接艺术家与观众、促进文化交流与理解的重要桥梁。正是在这样的背景下，《文化艺术品牌推广营销》一书应运而生，其中揭示了文化艺术品牌推广营销的奥秘与智慧。

在探讨文化艺术品牌推广营销之前，笔者以为有必要先对其所处的时代背景进行一番审视。随着全球化的深入发展，不同文化之间的交流与碰撞日益频繁，文化艺术作为文化传承与创新的重要载体，其地位与作用愈加凸显。文化艺术品牌作为文化艺术的集中体现，不仅承载着艺术家的创作理念与情感表达，更成为一种文化符号，连接着不同地域、不同文化背景的人们。

与此同时，数字化时代的到来为文化艺术品牌的推广与营销提供了新的机遇与挑战。互联网、社交媒体等新兴渠道的兴起，使得文化艺术品牌的传播范围更加广泛，传播速度更加迅速。然而，这也带来了信息过载、注意力分散等问题，使得文化艺术品牌在推广过程中面临着更大的竞争压力。因此，如何在数字化时代中有效地推广与营销文化艺术品牌，成为摆在我们面前的一个紧迫课题。

本书在理论层面进行了深入探索，旨在构建一套适用于文化艺术品牌推广营销的理论框架。笔者充分借鉴了市场营销学、品牌管理学、文化学等多学科的理论成果，结合文化艺术品牌的独特性与特殊性，对文化艺术品牌推广营销的内涵、特征、构成要素以及价值体系进行了全面而深入的剖析。

在理论构建过程中，本书注重理论与实践的结合，通过大量国内外成功案例的分析，提炼出了一系列具有普遍指导意义的理论观点与实践策略。这些理论观点与实践策略不仅揭示了文化艺术品牌推广营销的基本规律，更为我们在实践中解决实际问题提供了有力工具。

除了理论层面的探索，本书还注重实践层面的指导。笔者结合多年从事文化艺术品牌推广营销工作的实践经验，对文化艺术品牌推广营销的策略、方法、渠道以及效果评估进行了全面而深入的探讨。

在策略层面，本书强调了品牌定位的重要性。一个成功的文化艺术品牌必须拥有清晰、独特的品牌定位，以便在激烈的市场竞争中脱颖而出。同时，笔者还提出了差异化策略、情感化策略等多种策略选择，以满足不同文化艺术品牌的需求。

在方法层面，本书介绍了多种有效的推广方法，如内容营销、社交媒体营销、事件营销等。这些方法不仅能够帮助文化艺术品牌扩大传播范围，提高知名度，还能够促进与观众的深度互动，增强消费者品牌忠诚度。在渠道层面，本书分析了传统媒体与新媒体在文化艺术品牌推广中的优劣势，并提出了多种渠道组合策略，以实现最佳传播效果。

在效果评估层面，本书介绍了多种评估指标与方法，如品牌知名度、品牌美誉度、观众满意度等，以便对推广效果进行客观、准确的评估。为了更直观地展示文化艺术品牌推广营销的实践成果，本书精选了多个国内外成功案例进行分析。这些案例涵盖了绘画、音乐、舞蹈、戏剧等多个领域，展示了不同文化艺术品牌在推广营销过程中的独特魅力与智慧。

通过案例分析，我们可以发现，成功的文化艺术品牌推广营销往往具备以下几个共同点：一是拥有清晰、独特的品牌定位；二是注重与观众的深度互动与情感链接；三是充分利用新媒体等新兴渠道进行传播；四是注重效果评估与持续优化。这些共同点为我们提供了宝贵的经验与启示。

随着科技的发展与社会的不断进步，文化艺术品牌推广营销面临着新的趋势与挑战。一方面，数字化、智能化等新兴技术的广泛应用为文化艺术品牌的推广与营销提供了新的机遇；另一方面，全球化、多元化等社会变革也为文化艺术品牌的推广与营销带来了新的挑战。在数字化、智能化方面，随着大数据、人工智能等新兴技术的不断发展，文化艺术品牌推广营销将更加注重数据驱动与智能化决策。通过收集与分析用户数据，可以更加精准地定位目标受众与制定营销策略；通过智能化工具与平台，可以更加高效地实现品牌传播与互动。在全球化、多元化方面，随着全球化的深入发展与文化多样性的日益凸显，文化艺术品牌推广营销将更加注重跨文化交流与理解。通过深入了解不同文化背景与受众需求，可以更加精准地制定跨文化营销策略；通过加强国际合作与交流，可以共同推动文化艺术品牌的国际化发展。

然而，面对这些新趋势与挑战，我们也必须清醒地认识到其中存在的风险与不确定性。例如，数字化技术的广泛应用可能带来信息安全与隐私保护等问题；全球化进程的加速可能带来文化冲突等问题。因此，在推广与营销文化艺术品牌的过程中，我们需要保持谨慎与理性的态度，注重风险管理与应对策略的制定。

在未来的日子里，让我们携手共进，以谦逊之心面对挑战与机遇，不断探索与创新文化艺术品牌推广营销的新路径与新方法。让我们共同努力，为推动文化艺术事业的繁荣发展贡献力量，为世界文化的多样性贡献力量。相信在不久的将来，我们一定能够见证一个更加美好、更加繁荣的文化艺术品牌推广营销时代的到来。

最后，要特别感谢为本书实践案例分析付出劳动的同学，他们都是来自鲁迅美术学院人文学院2022级文化传播与管理系的学生：张可欣、沈佳璐、任式斌、肖阳希、张笑淳、周雨凡、曹鑫炜、柏烨、黄鑫蕊、姜文悦、赫子慧、杨欣怡。他们通过实地考察、辛勤付出与无私奉献,为推动我国文化艺术事业的繁荣发展做出了积极贡献。在此,向他们表示最诚挚的感谢与敬意!愿本书能够成为广大读者在探索文化艺术品牌推广营销之路上的良师益友!

目 录 CONTENTS

序　言 …………………………………………………………… 1

第一章　引言
　　第一节　文化艺术品牌推广营销的研究背景及意义 ………… 001
　　第二节　文化艺术品牌推广营销的国内外研究现状 ………… 003

第二章　文化艺术品牌推广营销的相关概念及理论基础
　　第一节　文化艺术品牌推广营销的概念界定 ………………… 009
　　第二节　文化艺术品牌推广营销的理论基础 ………………… 012

第三章　我国文化艺术品牌概况
　　第一节　文化艺术品牌行业现状 ……………………………… 015
　　第二节　文化艺术品牌类型 …………………………………… 017
　　第三节　文化艺术品牌生态圈 ………………………………… 033

第四章　文化艺术品牌推广营销环境分析
　　第一节　PEST 分析 …………………………………………… 042
　　第二节　SWOT 分析 …………………………………………… 049

第五章　文化艺术品牌推广营销问题
　　第一节　品牌定位模糊，缺乏差异化竞争 …………………… 057

第二节　传播渠道单一，缺乏多元化推广 …………………… 059

第三节　消费互动不足，品牌的黏性缺失 …………………… 061

第四节　推广预算欠妥，资源配置不合理 …………………… 064

第六章　文化艺术品牌推广营销典型案例分析

第一节　从文化产业角度探析汉服品牌十三余品牌营销策略… 067

第二节　迪士尼文化创意品牌推广营销分析 ………………… 098

第三节　合柴1972文创园区文化艺术品牌推广营销分析 …… 107

第四节　吉伊卡哇文创品牌产业推广营销分析 ……………… 115

第五节　红梅文创园品牌营销策略建设全景解析 …………… 126

第六节　环球影城文化产业推广营销方案分析 ……………… 134

第七节　建业文旅文化艺术品牌推广营销分析 ……………… 141

第八节　华强方特文化艺术品牌推广营销策略 ……………… 148

第九节　景德镇陶瓷品牌推广与营销 ………………………… 164

第十节　"只有红楼梦·戏剧幻城"文化艺术品牌推广营销分析… 171

第十一节　从文化产业角度分析音乐剧《基督山伯爵》
　　　　　中文版品牌营销策略分析 ……………………… 174

第十二节　从文化产业角度探析品牌Jellycat营销策略 ……… 191

第七章　文化艺术品牌推广营销优化策略

第一节　打造沉浸式文化艺术体验生态 ……………………… 206

第二节　利用数字技术增强品牌影响力 ……………………… 208

第三节　构建文化社群与粉丝经济体系 ……………………… 210

第四节　重视建设可持续文化艺术品牌 ……………………… 212

结　语 …………………………………………………………… 215

第一章 引言

第一节 文化艺术品牌推广营销的研究背景及意义

一、研究背景

在当今全球化的消费社会中,文化艺术品牌作为一种特殊的文化资本,其推广与营销不仅关乎文化产品的市场接受度,更涉及文化价值的传播与认同。随着文化产业的快速发展,文化艺术品牌已成为推动地区乃至国家文化软实力提升的关键因素。因此,对文化艺术品牌推广营销的研究,不仅具有学术理论价值,更具有实践指导意义。

从学术角度来看,文化艺术品牌推广营销是市场营销学、品牌管理学、文化经济学、传播学等多学科交叉融合的产物。它要求研究者不仅要具备扎实的市场营销和品牌管理理论功底,还要深入理解和掌握文化艺术的特性和规律,以及文化市场的运作机制。在当前消费文化背景下,消费者越来越注重消费过程中的文化价值、审美价值和体验价值,这使得文化艺术品牌的推广营销面临新的挑战和机遇。

从实践角度来看,随着文化产业的蓬勃发展,越来越多的文化艺术品牌涌现出来,但如何在激烈的市场竞争中脱颖而出,成为品牌传播的关键问题。文化艺术品牌的推广营销不仅关乎品牌知名度和美誉度的提升,更涉及品牌文化的传播和消费者情感的共鸣。因此,如何制定有效的推广营销策略,实现品牌与消费者的深度互动和情感链接,成为当前文化艺术品牌推广营销的重要课题。

此外，随着数字技术的快速发展和新媒体的崛起，文化艺术品牌的推广营销手段也在不断创新和变革。社交媒体、短视频、直播等新兴媒体形式为文化艺术品牌的传播提供了新的平台和渠道，但同时也对品牌的营销策略和创意能力提出了更高的要求。如何在新的媒体环境下实现品牌的有效传播和精准营销，成为当前文化艺术品牌推广营销研究的新热点。

综上所述，对文化艺术品牌推广营销的研究具有重要的学术和实践价值。本书旨在深入探讨文化艺术品牌推广营销的理论基础、实践策略和创新路径，为文化艺术品牌的可持续发展提供理论支持和实践指导。

二、研究意义

从学术层面来看，本书有助于深化我们对文化艺术品牌及其推广营销的认知。文化艺术品牌作为文化资本的重要组成部分，其独特的文化属性和审美价值使得其推广营销过程相较于一般商品更为复杂。通过本书，我们可以更深入地探讨文化艺术品牌的本质特征、价值构成以及传播机制，从而丰富和完善市场营销学、品牌管理学以及文化经济学等相关学科的理论体系。同时，本书还可以借鉴传播学、心理学等多学科的研究成果，形成跨学科的研究视角和方法，推动文化艺术品牌推广营销研究的深入发展。此外，本书有助于揭示文化艺术品牌推广营销的内在规律和策略选择。在全球化消费社会的背景下，文化艺术品牌的推广营销面临着复杂的市场环境和消费者需求的变化。通过深入研究，我们可以发现影响文化艺术品牌推广效果的关键因素，探索有效的营销策略和手段，为品牌传播提供科学的依据和指导。这不仅有助于提升文化艺术品牌的知名度和美誉度，还可以促进品牌文化的传播和消费者情感的共鸣，实现品牌价值的最大化。

从实践层面来看，本书对于推动文化产业的发展和文化品牌的塑造具有重要意义。文化艺术品牌作为文化产业的核心资源，其推广营销的成功直接关系文化产业的繁荣和发展。通过本书，我们可以为文化艺术品牌提供有效的推广营销策略和建议，帮助品牌提升市场竞争力，拓展市场份额，实现可持续发展。同时，本书可以为政府、行业协会等文化管理部门提供决策参考，推动文化产业政策的制定和完善，促进文化产业的健康有序发展。此外，本书还有助于提升我国文化品牌的国际影响力。在全球化的背景下，文化品牌的国际竞争日益激烈。通过深入研究文化艺术品牌的推广营销，我们可以探索适合我国文化品牌发展的国际化路径和策略，提升我国文化品牌的国际知名度和竞争力，推动中华文化的国际传播和交流。

第二节　文化艺术品牌推广营销的国内外研究现状

一、国内研究现状

随着全球化和数字化时代的到来，文化艺术品牌的市场竞争愈加激烈。在这一背景下，国内学者对文化艺术品牌推广营销的研究逐渐深入，旨在探索适合中国国情和文化特色的品牌推广路径。本书将重点介绍几位国内学者在该领域的研究成果，并试图从他们的研究中提炼出学术深度和实践价值。

文化艺术品牌是文化产业的重要组成部分，它承载着文化传承、艺术创新和价值传递等多重功能。随着人们对精神文化需求的日益增长，文化艺术品牌的市场潜力不断释放。然而，如何在激烈的市场竞争中脱颖而出，成为品牌建设的核心问题。因此，对文化艺术品牌推广营销的研究具有重要的理论和实践意义。

其一，艺术衍生品市场品牌塑造研究。河北师范大学的硕士研究生王慧在其论文《中国艺术衍生品市场品牌塑造问题的研究》（2015）中，深入探讨了艺术衍生品市场品牌塑造的现状、问题及策略。她指出，艺术衍生品作为艺术品与消费市场之间的桥梁，具有广阔的市场前景。然而，当前中国艺术衍生品市场品牌塑造存在诸多问题，如品牌定位模糊、品牌形象不鲜明、品牌传播渠道单一等。针对这些问题，她提出了加强品牌定位、提升品牌形象、拓展品牌传播渠道等策略，以期推动中国艺术衍生品市场的健康发展。

其二，当代艺术衍生品与艺术品牌比较研究。刘巍在其论文《消费时代中国当代艺术衍生品与艺术品牌"稀奇"比较研究》（2018）中，以"稀奇"艺术品牌为例，深入剖析了中国当代艺术衍生品与艺术品牌之间的关系。他发现，艺术衍生品作为艺术品牌的延伸和拓展，不仅丰富了艺术品牌的内涵和外延，还提升了艺术品牌的知名度和影响力。同时，他还指出，艺术衍生品与艺术品牌之间存在相互促进、共同发展的关系。这一研究为文化艺术品牌推广营销提供了新的思路和启示。

其三，文化营销论。陈文武在其著作《文化营销论》（2012）中，系统阐述了文化营销的理论体系和实践应用。他强调，文化营销是将文化理念融入市场营销活动中的一种新型营销方式。通过文化定位、文化互动和文化共鸣等策略，可以提升品牌的文化内涵和附加值，增强品牌的竞争力和影响力。这一理论为文化艺术品牌推广营销提供了有力的理论支撑和实践指导。

其四，中国文化品牌的塑造途径与原则。钟菱在其论文《中国文化品牌的塑造途径与原则——以红线女及其粤剧流派艺术为视角》（2018）中，以红线女及其粤剧流派艺术为例，深入探讨了中国文化品牌的塑造途径和原则。她认为，中国文化品牌的塑造应坚持文化自觉、文化自信和文化创新的原则，通过深入挖掘文化内涵、传承文化遗产、创新文化形式等方式，打造具有中国特色、时代特征和国际影响力的文化品牌。这一研究为文化艺术品牌推广营销提供了丰富的实践经验和案例借鉴。

其五，品牌正宗性视角的产业集群品牌化战略研究。李桂华和张会龙在其论文《品牌正宗性视角的产业集群品牌化战略研究》（2018）中，从品牌正宗性的视角出发，深入分析了产业集群品牌化战略的实施路径和效果。他们指出，品牌正宗性是产业集群品牌化战略的核心要素之一，通过提升品牌正宗性可以增强产业集群的品牌竞争力和影响力。同时，他们还提出了加强品牌建设、提升品牌质量、加强品牌传播等策略，以期推动产业集群品牌化战略的深入实施。这一研究为文化艺术品牌推广营销提供了新的视角和思路。

上述国内学者的研究成果在学术深度上具有以下特点。

第一，理论创新。学者们通过对文化艺术品牌推广营销的理论研究，提出了许多新的观点和理论框架，如文化营销论、品牌正宗性等，为该领域的研究提供了新的视角和思路。

第二，实证研究。学者们通过大量的实证研究和案例分析，深入剖析了文化艺术品牌推广营销的现状、问题及策略，为理论研究提供了有力的实证支持。

第三，跨学科研究。学者们将市场营销、品牌管理、文化传播等多学科的理论和方法相结合，对文化艺术品牌推广营销进行了跨学科的研究和分析，提高了研究的深度和广度。

上述国内学者的研究成果在实践价值上具有以下特点。

第一，指导实践。学者们的研究成果为文化艺术品牌推广营销提供了具体的策略和方法，如加强品牌定位、提升品牌形象、拓展品牌传播渠道等，对实践具有重要的指导意义。

第二，案例借鉴。学者们通过大量的案例分析和实证研究，总结出了许多成功的案例和经验教训，为其他文化艺术品牌提供了宝贵的借鉴和启示。

第三，推动发展。学者们的研究成果不仅推动了文化艺术品牌推广营销领域的研究和发展，还促进了文化产业的整体繁荣和发展。

综上所述，国内学者在文化艺术品牌推广营销领域的研究已经取得了一定的成果和进展。然而，随着市场竞争的加剧和消费需求的不断变化，该领域的研究仍需进一步深化和完善。未来，我们可以从以下几个方面进行展望。

第一，加强理论研究。继续深化对文化艺术品牌推广营销的理论研究，探索新的理论框架和观点，为该领域的研究提供更为坚实的理论基础。

第二，拓展实证研究。加强实证研究和案例分析，对不同类型的文化艺术品牌进行深入研究和分析，总结出更为具体和实用的策略和方法。

第三，推动跨学科研究。将市场营销、品牌管理、文化传播等多学科的理论和方法相结合，进行跨学科的研究和分析，提高研究的深度和广度。

第四，加强国际交流与合作。加强与国际学术界和产业界的交流与合作，借鉴国际先进经验和做法，推动中国文化艺术品牌推广营销领域的国际化发展。

通过上述努力，我们可以进一步推动文化艺术品牌推广营销领域的研究和发展，为文化产业的整体繁荣和发展做出更大的贡献。

二、国外研究现状

在全球化的背景下，文化艺术品牌的推广营销已成为一个备受关注的研究领域。国外学者在这一领域进行了大量的研究，提出了许多具有学术深度和实践价值的理论和方法。

其一，地方品牌理论与城市营销。菲利普·柯特勒（Philip Kotler）是国外著名的营销学家，其地方（城市）品牌理论对文化艺术品牌推广营销具有重要的指导意义。菲利普·柯特勒认为，城市、产业、地域乃至国家都可以被视为"地方"，这些地方可以作为实施管理空间的对象。他运用SWOT分析方法分析地方的发展状态，以此确定市场环境，包括目标用户、目标市场、目标产业以及目标区域。在文化艺术品牌推广营销中，这一理论可以帮助确定品牌的市场定位和推广策略。在菲利普·柯特勒的著作中，他强调了品牌塑造和传播的重要性。对于文化艺术品牌而言，通过有效的品牌塑造和传播，可以提升其知名度和影响力，吸引更多的受众和消费者。此外，菲利普·柯特勒还提出了整合营销传播（IMC）的概念，即通过多种传播渠道和手段，将品牌信息传递给目标受众，形成统一的品牌形象和认知。这一理论在文化艺术品牌推广营销中同样具有广泛的应用价值。

其二，品牌传播与广告策略。大卫·奥格威（David Ogilvy）是广告业的传奇人物，他的品牌传播理论对文化艺术品牌推广营销具有重要的启示作用。大卫·奥格威认为，品牌传播是企业决策的中心，而广告仅仅是品牌传播的一个渠道。他强调了品牌个性和品牌形象的重要性，认为品牌应该具有独特的卖点和差异化的特点。在文化艺术品牌推广营销中，大卫·奥格威的理论同样适用。通过塑造独特的品牌形象和个性，可以吸引更多的受众和消费者。同时，通过广告等传播渠道和手段，将品牌信息传递给目标受众，形成品牌认知和忠诚度。此外，大卫·奥格威还提出了"3B原则"（beauty、baby、beasty），即利用美女、婴儿和动物等元素来吸引受众的注意力和情感共鸣。这一原则在文化艺术品牌推广营销中同样具有一定的应用价值。

其三，整合营销传播理论。唐·舒尔茨（Don E. Schultz）和罗伯特·劳特朋（Robert F. Lauterborn）在著作《整合营销传播》（*Integrated Marketing*

Communications，IMC）中提出了整合营销传播理论。该理论强调了通过多种传播渠道和手段，将品牌信息传递给目标受众，形成统一的品牌形象和认知。这一理论对文化艺术品牌推广营销具有重要的指导意义。在文化艺术品牌推广营销中，整合营销传播理论可以帮助品牌实现全方位的传播和推广。通过整合不同的传播渠道和手段，如广告、公关、社交媒体等，将品牌信息传递给目标受众，形成统一的品牌形象和认知。同时，整合营销传播理论还强调了与受众的互动和沟通，通过了解受众的需求和反馈，不断优化传播策略和内容，提高品牌的知名度和影响力。

其四，差异化销售理论与 USP（Unique Selling Proposition）理论。罗瑟·里夫斯（Rosser Reeves）提出了差异化销售理论，即 USP 理论。他认为，在进行品牌传播中需要找到品牌和产品的特点，并在传播过程中充分利用，以达到提高消费者辨识速度的目的。这一理论在文化艺术品牌推广营销中同样具有重要的应用价值。对于文化艺术品牌而言，每个品牌都有其独特的艺术风格和文化内涵。通过挖掘和提炼这些独特的特点和卖点，可以形成品牌的差异化竞争优势。在传播过程中，充分利用这些特点和卖点，可以吸引更多的受众和消费者，提高品牌的知名度和影响力。同时，差异化销售理论还强调了品牌的一致性和连贯性，即在传播过程中保持品牌形象和信息的统一和一致。

其五，艺术世界理论与品牌建构。阿瑟·丹托（Arthur Danto）和乔治·迪基（George Dickie）提出了艺术世界理论，该理论试图从本质上定义艺术品，并探讨了艺术品的价值和意义。在文化艺术品牌推广营销中，艺术世界理论可以为品牌的建构提供有益的启示。艺术世界理论认为，艺术品的价值和意义不仅取决于艺术家本人的创作，还取决于将艺术品引介给社会公众的宣传和展示。同样地，在文化艺术品牌推广营销中，品牌的建构不仅取决于品牌本身的创意和质量，还取决于品牌的传播和展示。通过有效的传播和展示，可以提升品牌的知名度和影响力，形成品牌的独特价值和意义。此外，艺术世界理论还强调了艺术品的独特性和创新性。在文化艺术品牌推广营销中，通过挖掘和提炼品牌的独特性和创新性，可以形成品牌的差异化竞争优势，吸引更多的受众和消费者。同时，通过不断创新和更新品牌形象和内容，可以保持品牌的活力和吸引力。

国外学者在文化艺术品牌推广营销领域的研究成果不仅具有理论价值，还通过实践案例得到了验证和应用。例如，纽约大都会艺术博物馆、伦敦大英博物馆等，通过有效的品牌塑造和传播策略，成功吸引了全球范围内的受众和消费者。

这些实践案例为文化艺术品牌推广营销提供了有益的启示。首先，品牌塑造和传播是提升品牌知名度和影响力的关键。通过塑造独特的品牌形象和个性，以及有效的传播策略和手段，可以吸引更多的受众和消费者。其次，创新是保持品牌活力和吸引力的关键。通过不断创新和更新品牌形象和内容，可以保持品牌的竞争力和吸引力。最后，与受众的互动和沟通是优化传播策略和内容的重要途径。通过了解受众的需求和反馈，可以不断优化传播策略和内容，提高品牌的知名度和影响力。

综上所述，国外学者在文化艺术品牌推广营销领域进行了大量的研究，提出了许多具有学术深度和实践价值的理论和方法。这些理论和方法为文化艺术品牌推广营销提供了有益的指导和启示。未来，随着数字化和全球化的发展，文化艺术品牌推广营销将面临更多的挑战和机遇。因此，我们需要继续深化对文化艺术品牌推广营销的研究和探索，不断提出新的理论和方法来应对这些挑战和机遇。同时，我们也需要加强与国际学术界和产业界的交流与合作，共同推动文化艺术品牌推广营销领域的发展和创新。

第二章 文化艺术品牌推广营销的相关概念及理论基础

第一节 文化艺术品牌推广营销的概念界定

一、文化艺术品牌

在探讨"文化艺术品牌推广营销"这一主题时,我们首先需要明确文化艺术品牌的基本概念,这是整个研究的基础和出发点。文化艺术品牌作为品牌类型中的一个独特子集,其内涵丰富且复杂,需要从多个维度进行界定。

从广义的角度来看,文化艺术品牌涵盖了所有与文化相关的品牌形态,这些品牌不仅包含了商业品牌的范畴,如文化艺术产业中的知名品牌、艺术家个人品牌等,还包含了更为广阔的文化意识形态,如区域性文化品牌、民族性文化品牌等。这些文化艺术品牌通过其独特的文化内涵和艺术价值,与消费者建立起深厚的情感链接,成为消费者身份认同和文化认同的重要载体。

在狭义上,文化艺术品牌则主要指的是文化产业品牌化的结果,它涵盖了文化艺术、新闻出版、广播影视、网络传播、休闲娱乐、文化旅游、会展收藏、体育健身八个主要领域以及其衍生领域。这些领域的品牌通过注册商标等法律程序,获得了商业上的合法性和保护,成为市场上具有竞争力和影响力的品牌。

具体而言,文化艺术品牌具有以下几个方面的特征。

（一）文化内涵深厚

文化艺术品牌的核心在于其文化内涵和艺术价值，这些品牌通过独特的文化符号和艺术表现形式，传达出品牌的核心价值和理念，成为消费者追求精神文化需求的重要选择。

（二）情感连接紧密

文化艺术品牌与消费者之间的情感连接是其独特之处。这些品牌通过艺术化的表现形式和个性化的文化符号，与消费者建立起深厚的情感共鸣，使消费者在选择品牌时不仅仅是基于物质需求，更是基于情感和文化认同。

（三）品牌识别度高

文化艺术品牌通常具有鲜明的个性和独特的品牌形象，这些品牌形象通过视觉识别系统、广告宣传等多种渠道进行传播和强化，使消费者能够轻松识别并记住这些品牌。

（四）市场影响力强

文化艺术品牌在市场上具有较强的竞争力和影响力，这些品牌通过不断创新和提升品质，赢得了消费者的信任和认可，成为市场上的佼佼者。

综上所述，文化艺术品牌是一个复杂而独特的概念，它涵盖了广泛的文化领域和商业范畴，具有深厚的文化内涵和艺术价值。在本书中，我们需要从多个维度对文化艺术品牌进行深入探讨和分析，以揭示其内在规律和特点，为文化艺术品牌的推广营销提供科学的依据和指导。

二、品牌营销

品牌营销，作为市场营销领域中的一个重要分支，其核心概念及理论框架在本书中占据核心地位。品牌营销不仅仅是将产品或服务推向市场的一种手段，更是一种以品牌为核心，通过一系列策略性活动，在消费者心中构建并强化特定品牌形象和价值认知的过程。以下是对品牌营销概念的深度界定。

（一）品牌营销的定义与内涵

品牌营销（brand marketing）是指企业通过一系列市场营销活动，将产品或服务的特定形象、价值、文化等深刻映入消费者心中，从而建立起独特的品牌认知与品牌忠诚度的过程。这一过程的核心在于，企业不仅仅是在销售产品或服务，更是在销售一种理念、一种生活方式，甚至是一种文化价值观。

（二）品牌营销的构成要素

（1）品牌识别

品牌识别包括品牌名称、标志、包装、色彩、口号等视觉和听觉元素，这些元素共同构成了品牌的独特识别系统，使消费者能够迅速识别并记住品牌。

（2）品牌价值

品牌价值是品牌营销的核心，它体现了品牌所代表的理念、文化、品质等，是消费者选择品牌的重要依据。

（3）品牌传播

品牌传播即通过广告、公关、促销、社交媒体等多种渠道，将品牌价值、品牌形象等信息传递给目标消费者，增强品牌认知度和美誉度。

（4）品牌体验

品牌体验即消费者在购买、使用产品或服务过程中形成的对品牌的直观感受和情感体验，这些体验将直接影响消费者对品牌的评价和忠诚度。

（三）品牌营销的关键特点

（1）战略性

品牌营销是一个长期、系统的过程，需要企业根据市场环境和消费者需求，制定明确的品牌战略，并持续进行策略调整和优化。

（2）差异化

在激烈的市场竞争中，品牌营销需要强调品牌的差异化优势，通过独特的品牌形象、价值主张、产品特点等，与竞争对手形成鲜明对比。

（3）情感化

品牌营销不仅仅是理性的信息传递，更是情感的共鸣与联结。通过情感化的营销策略，激发消费者的情感共鸣，增强品牌忠诚度。

（4）整合性

品牌营销需要整合多种营销手段和资源，包括线上线下的广告、公关、促销等，形成协同效应，提升品牌传播效果。

（四）品牌营销在文化艺术品牌中的应用

在文化艺术品牌中，品牌营销的重要性尤为突出。文化艺术品牌往往承载着深厚的文化内涵和艺术价值，需要通过品牌营销将这些价值传递给消费者，建立起独特的品牌形象和忠诚度。同时，文化艺术品牌的消费者往往对品牌的文化内涵和艺术价值有着更高的追求和期待，因此，品牌营销需要更加注重情感化、差异化和整合性，以满足消费者的精神文化需求。

综上所述，品牌营销是一个复杂而系统的过程，需要企业在制定品牌战略、构建品牌形象、进行品牌传播等方面进行深入研究和精心策划。在本书中，我们将深入探讨品牌营销在文化艺术品牌中的应用与实践，为文化艺术品牌的推广营销提供科学的理论指导和实用的策略建议。

第二节　文化艺术品牌推广营销的理论基础

一、营销理论

营销理论是文化艺术品牌推广营销的基石，它涵盖了市场营销的核心理念和策略。市场营销过程包括分析市场机会、选择目标市场、制定营销战略和方案。这一过程强调对市场动态的敏锐洞察，以及对目标消费者需求的精准把握。

在现代营销理论中，4P 理论（product：产品；price：价格；place：渠道；promotion：促销）占据了重要地位。对于文化艺术品牌而言，产品不仅包括具体的艺术品或服务,还包括品牌所传递的文化价值和审美体验。价格策略需考虑消费者的价值认知,以及品牌的市场定位。渠道选择则关乎如何将文化艺术品送达目标消费者手中,包括线上线下的多种分销方式。促销策略则通过广告、公关活动等方式,提升品牌的知名度和美誉度。

此外,市场营销环境分析也是不可或缺的一环。宏观环境如人口、经济、技术等因素,以及微观环境如竞争者、供应商等,都会对文化艺术品牌的推广营销产生影响。因此,在制定营销策略时,需综合考虑这些因素,以确保策略的有效性和适应性。

二、品牌理论

品牌理论是文化艺术品牌推广营销的核心。品牌形象论强调广告在塑造品牌独特形象和个性方面的重要作用,这种形象往往超越了产品本身,更多地涉及消费者的心理感受。对于文化艺术品牌而言,一个鲜明而独特的品牌形象,有助于在消费者心中形成深刻的印象,从而提高品牌的认知度和消费者对品牌的忠诚度。

品牌定位理论则主张通过明确的产品定位来占据预期客户心中的独特位置。对于文化艺术品牌而言,这意味着需要明确品牌的核心价值和个性特征,以及目标消费者的需求和偏好。通过精准的品牌定位,品牌可以在激烈的市场竞争中脱颖而出,形成差异化竞争优势。

此外,CIS(企业形象识别系统)也为文化艺术品牌的推广营销提供了有力支持。CIS 包括 MI(理念识别)、BI(行为识别)和 VI(视觉识别)三个部分,共同构成品牌的整体形象。通过 CIS 的构建和完善,品牌可以在消费者心中形成统一而鲜明的品牌形象,增强品牌的辨识度和记忆度。

三、品牌营销理论

品牌营销理论是将营销理论和品牌理论相结合,形成的一套系统的品牌推广和营销策略。品牌营销是指通过一系列市场营销策略和手段,建立、维护和提升品牌形象、声誉和价值的过程。它涉及品牌定位、品牌传播、品牌体验等多个方面，旨在提高消费者对品牌的认知度和忠诚度。

在品牌营销中，品牌定位是首要任务。通过明确品牌的定位和目标消费者群体，品牌可以制定相应的营销策略，以满足消费者的需求和偏好。同时，品牌传播也是品牌营销的关键环节。通过广告、公关、促销等多种渠道，将品牌的核心价值和特点传达给目标消费者，提高品牌的知名度和美誉度。

此外，品牌体验也是品牌营销的重要组成部分。通过提供优质的产品和服务，以及独特的品牌体验，品牌可以增强消费者的参与感和忠诚度。对于文化艺术品牌而言，这意味着需要在艺术创作、展览策划、观众服务等方面下功夫，为观众提供丰富而深刻的艺术体验。

四、关于文化发展的重要论述

中共中央关于文化发展的重要论述为文化艺术品牌推广营销提供了重要的指导思想。习近平总书记强调，文化是一个国家、一个民族的灵魂。文化兴国运兴，文化强民族强。没有高度的文化自信，没有文化的繁荣兴盛，就没有中华民族伟大复兴。

在推进文化建设的过程中，习近平总书记提出了许多重要观点。他强调要坚定文化自信，弘扬中华优秀传统文化，推动中华文化的创造性转化和创新性发展。同时，他还提出要坚持以人民为中心的创作导向，推动文化事业和文化产业繁荣发展。

这些论述为文化艺术品牌推广营销提供了重要的启示。一方面，品牌需要深入挖掘和传承中华优秀传统文化，将其融入品牌的核心价值和产品中，以增强品牌的文化底蕴和民族特色；另一方面，品牌还需要坚持以消费者为中心，关注消费者的需求和偏好，提供符合消费者期望的产品和服务。通过这些措施，品牌可以不断提升自身的竞争力和影响力，为中华文化的传承和发展做出积极贡献。

第三章 我国文化艺术品牌概况

第一节 文化艺术品牌行业现状

一、行业概况与市场规模

近年来,文化艺术品牌行业在全球范围内呈现出蓬勃发展的态势。随着人们生活水平的提高和审美观念的转变,对文化艺术品的欣赏和收藏逐渐成为一种生活方式和社交方式。这一趋势推动了文化艺术品牌行业的快速增长,市场规模持续扩大。

从全球范围来看,美国和中国是全球艺术品市场的两大核心区域,分别占据了显著的市场份额。美国以其强大的经济实力和深厚的艺术文化底蕴,吸引了众多国际藏家和投资者的关注。而中国则凭借其庞大的市场规模和快速的经济增长,成为全球艺术品市场的重要力量。据相关研究报告,中国艺术品市场规模在近年来持续增长,且增速较快,显示出了强劲的发展潜力。

二、市场竞争与格局

文化艺术品牌行业的市场竞争日益激烈,但也在逐步形成头部效应。国际知名的拍卖行如苏富比(Sotheby's)、佳士得(Christie's)等在全球范围内拥有广泛的影响力,它们凭借丰富的艺术品资源、专业的鉴定和评估能力,以及广泛的客户网络,赢得了市场的认可和信赖。同时,中国的大型拍卖行如中国嘉德、广东保利等也在国内外市场上占据了一定的份额,展现出了强劲的竞争实力。

此外，随着数字化技术的不断发展，数字化平台在文化艺术品牌行业中扮演着越来越重要的角色。这些平台通过线上交易和数字化展示，打破了传统艺术品市场的地域限制，为藏家和投资者提供了更加便捷、高效的交易渠道。然而，随着市场的不断发展和竞争的加剧，这一趋势也在逐渐改变，数字化平台需要不断创新和提升服务质量，以应对日益激烈的市场竞争。

三、行业发展趋势与挑战

（一）金融化趋势

艺术品金融化将成为未来发展的重要方向。艺术品将逐渐被视为一种金融资产，可用于投资和保值。金融机构和投资者的介入将推动艺术品市场的金融化进程，为行业带来更多的投资机会和广阔的发展空间。然而，这也带来了艺术品定价、风险管理和监管等方面的挑战。

（二）国际化合作

随着全球化的不断深入，文化艺术品牌行业的国际化程度将逐渐提高。国际之间的艺术品交流和合作将更加频繁，为行业带来更多的发展机遇和空间。然而，这也要求品牌需要具备跨文化交流和合作的能力，以及应对不同国家和地区法律、政策和文化差异的挑战。

（三）数字化发展

数字化技术将继续推动文化艺术品牌行业的变革和创新。通过虚拟现实（VR）、增强现实（AR）等技术的应用，观众能够更直接地体验作品，推动新媒体艺术的兴起。同时，社交媒体平台也为艺术家提供了展示自己作品并吸引粉丝的机会，扩大了他们的知名度和购买力。然而，数字化发展也带来了版权保护、数据安全等方面的挑战。

（四）市场需求变化

随着人们文化水平的提高和审美观念的转变，对艺术品的欣赏和收藏逐渐成为一种生活方式和社交方式。不同风格、不同流派、不同材质的艺术品在市场上都有一定的受众和市场份额。然而，这也要求品牌需要密切关注市场需求的变化，及时调整产品策略和服务模式，以满足消费者的需求和期望。

四、政策环境与支持

各国政府对文化艺术产业的重视和支持力度不断加大，为文化艺术品牌行业提供了更多的发展机遇和政策支持。例如，中国政府出台了一系列政策措施，推动文化产业的发展和创新，包括加大对文化产业的财政投入、优化文化产业布局和结构、推动文化产业与科技融合等。这些政策措施为文化艺术品牌行业的发展提供了有力的保障和支持。

综上所述，文化艺术品牌行业在近年来呈现出蓬勃发展的态势，市场竞争日益激烈，但同时也面临着诸多挑战和机遇。未来，随着金融化、国际化、数字化等趋势的不断发展，以及政策环境的不断优化和支持力度的加大，文化艺术品牌行业将迎来更加广阔的发展前景和更加激烈的市场竞争。品牌需要密切关注市场动态和消费者需求的变化，不断创新和提升服务质量，以应对未来的挑战和机遇。

第二节　文化艺术品牌类型

一、艺术创作品牌

（一）艺术创作品牌概述

艺术创作品牌，作为文化艺术品牌类型中的重要组成部分，承载着艺家们对美的追求与表达,以及社会文化的传承与创新。这类品牌通常以独特的艺术风格、精湛的创作技艺和深厚的文化底蕴为核心竞争力,通过艺术品的创作、展示与销售,实现与消费者的情感共鸣和价值共享。艺术创作品牌不仅体现了艺术家的个人魅力与才华,更是社会文化发展的重要标志。

(二)艺术创作品牌的特征

原创性与独特性:艺术创作品牌的灵魂在于其原创性和独特性。艺术家们通过独特的艺术视角和创作手法,将个人情感、社会观察和文化思考融入作品中,形成独一无二的艺术风格。这种原创性和独特性不仅体现在艺术品的外观和形式上,更体现在其文化内涵和精神价值上。

技艺精湛与品质保证:艺术创作品牌往往与精湛的技艺和卓越的品质紧密相关。艺术家们通过长期的学习和实践,积累了丰富的创作经验和技艺储备,能够创作出高质量的艺术品。同时,品牌也注重艺术品的制作流程和品质控制,确保每一件艺术品都达到高标准、严要求。

文化传承与创新:艺术创作品牌不仅是艺术家个人才华的展示,更是社会文化的传承与创新。艺术家们通过作品表达对传统文化的理解和尊重,同时融入现代审美和创作理念,实现传统文化的创造性转化和创新性发展。这种文化传承与创新的结合,使得艺术创作品牌具有更加深远的社会意义和文化价值。

情感共鸣与价值共享:艺术创作品牌能够引发消费者的情感共鸣和价值共享。艺术品作为情感的载体,能够触动人们内心深处的情感共鸣,引发人们对美好生活的向往和追求。同时,艺术创作品牌也倡导一种积极向上的价值观和生活方式,与消费者共同分享艺术带来的快乐和幸福。

(三)艺术创作品牌的推广营销策略

精准定位与目标市场分析:艺术创作品牌在推广营销过程中,首先需要明确自身的品牌定位和目标市场。通过对目标市场的深入分析和了解,确定品牌的核心竞争力和差异化优势,以及消费者的需求和偏好。这有助于品牌制定更加精准有效的推广策略,提高市场占有率和品牌影响力。

艺术展览与活动策划:艺术展览和活动策划是艺术创作品牌推广营销的重

要手段。通过举办艺术展览、艺术家见面会、艺术创作工作坊等活动，吸引消费者的关注和参与，提高品牌的知名度和美誉度。同时，这些活动也为艺术家提供了与消费者面对面交流的机会，有助于加深消费者对品牌的认知和认同。

数字化营销与社交媒体传播：随着数字化技术的发展和社交媒体的普及，艺术创作品牌也开始利用这些平台进行推广营销。通过构建品牌官方网站、社交媒体账号等数字化渠道，发布艺术品的图片、视频和介绍等信息，吸引消费者的关注和互动。同时，利用社交媒体平台的传播优势，提升品牌的曝光度和影响力。

跨界合作与品牌联动：艺术创作品牌还可以与其他品牌或行业进行跨界合作，实现品牌联动和资源共享。例如，与时尚品牌合作推出联名艺术品、与旅游行业合作打造艺术旅游线路等。这种跨界合作不仅能够为艺术创作品牌带来新的市场机遇和增长点，还能提升品牌的知名度和影响力。

强化品牌文化建设与消费者关系管理：艺术创作品牌还需要注重品牌文化的建设和消费者关系的管理。通过构建独特的品牌文化和价值观体系，增强消费者对品牌的认同感和归属感。同时，加强与消费者的沟通和互动，关注消费者的需求和反馈，不断优化产品和服务质量，提升消费者的满意度和忠诚度。

综上所述，艺术创作品牌作为文化艺术品牌类型中的重要组成部分，具有独特的魅力和价值。在推广营销过程中，品牌需要明确自身的定位和优势，制定精准有效的推广策略，同时注重品牌文化建设和消费者关系管理。通过这些措施的实施，艺术创作品牌将能够更好地满足消费者的需求和期望，实现品牌的长远发展和价值提升。

二、文化传承品牌

（一）文化传承品牌概述

文化传承品牌，作为文化艺术品牌中的瑰宝，承载着民族文化的精髓与智慧，是连接过去与未来的桥梁。这类品牌通过挖掘、整理、传承与创新传统文化，将其转化为具有现代审美价值和文化内涵的产品或服务，以满足当代人对文化认同与审美需求的双重追求。文化传承品牌不仅丰富了文化艺术市场的多样性，更在全球化背景下，为民族文化的传播与保护提供了重要途径。

（二）文化传承品牌的特征

深厚的文化底蕴：文化传承品牌的核心在于其深厚的文化底蕴。这些品牌往往源自悠久的历史传统，蕴含着丰富的民族故事、艺术风格和哲学思想。它们通过深入挖掘和提炼传统文化的精髓，将其转化为品牌独特的文化内涵和核心竞争力。

传统技艺与现代设计的融合：文化传承品牌不仅保留了传统技艺的精髓，还善于将其与现代设计理念相结合，创造出既具有传统韵味又不失时尚感的产品。这种融合不仅提升了产品的艺术价值，还使其更符合现代消费者的审美需求。

文化教育与传播功能：文化传承品牌不仅致力于产品的生产和销售，更承担着文化教育与传播的重要使命。通过举办文化活动、讲座、展览等形式，向公众普及传统文化知识，提升民族文化的认知度和影响力。

可持续性与社会责任感：文化传承品牌注重可持续性发展，强调在保护传统文化的同时，也要关注生态环境和社会责任。通过采用环保材料、支持手工艺人等方式，推动传统文化的可持续发展，并为社会带来积极的影响。

（三）文化传承品牌的推广营销策略

精准定位与目标市场分析：文化传承品牌需要明确自身的市场定位和目标受众。通过对目标市场的深入调研，了解消费者的文化偏好和审美需求，从而制定有针对性的推广策略。同时，也要关注竞争对手的动态，寻找差异化的竞争优势。

品牌故事与文化传播：文化传承品牌应善于讲述自己的品牌故事，通过生动的故事情节和丰富的文化内涵，吸引消费者的注意和共鸣。同时，利用社交媒体、网络平台等渠道，广泛传播品牌的文化理念和价值主张，提升品牌的知名度和美誉度。

跨界合作与资源整合：文化传承品牌可以与其他行业或品牌进行跨界合作，共同开发新产品或举办文化活动。通过资源整合和优势互补，实现品牌影响力的提升和市场份额的增加。同时，也可以借助合作伙伴的资源和渠道，拓展品牌的市场覆盖面。

数字化营销与用户体验优化：在数字化时代，文化传承品牌需要积极拥抱新技术，利用数字化手段进行品牌推广和营销。通过构建品牌官方网站、社交媒体账号等数字化渠道，提供丰富的在线内容和互动体验，增强用户的参与感和归属感。同时，也要关注用户体验的优化，提升产品的易用性和满意度。

社会责任与可持续发展：文化传承品牌应积极履行社会责任，关注生态环境的保护和传统文化的可持续发展。通过采用环保材料、支持手工艺人、开展公益项目等方式，展现品牌的社会责任感和使命感。这不仅有助于提升品牌的形象和价值，还能为社会的可持续发展作出贡献。

综上所述，文化传承品牌作为文化艺术品牌中的重要类型，具有深厚的文化底蕴和独特的价值。在推广营销过程中，品牌需要明确自身的定位和优势，制定精准有效的推广策略，同时注重品牌文化的建设和用户体验的优化。通过这些措施的实施，文化传承品牌将能够更好地满足消费者的需求和期望，实现品牌的长远发展和价值提升。

三、教育传播品牌

（一）教育传播品牌概述

教育传播品牌，作为文化艺术品牌的重要分支，致力于通过教育的方式传播文化艺术知识，提升公众的文化素养和审美能力。这类品牌通常依托深厚的学术背景和专业的教学团队，以多样化的教育形式和内容，满足不同年龄人群的学习需求。教育传播品牌不仅承担着传授知识的责任，更在培养文化自信、激发创新思维、促进文化交流等方面发挥着重要作用。

(二)教育传播品牌的特征

学术性与专业性：教育传播品牌的核心在于其学术性和专业性。它们通常拥有强大的学术团队和丰富的教学资源，能够确保教育内容的准确性和权威性。同时，品牌还注重教学方法的创新和实践，以提升教学效果和学习体验。

多样化的教育形式：教育传播品牌提供多样化的教育形式，以满足不同人群的学习需求。这些形式包括线上课程、线下讲座、工作坊、研学旅行等，旨在通过灵活多样的教学方式，激发学习者的兴趣和动力。文化传承与创新教育传播品牌不仅注重传统文化的传承，还致力于文化的创新与发展。通过挖掘传统文化的精髓，结合现代社会的需求，创造出具有时代特色的教育内容，推动文化的持续繁荣和发展。

社会影响力与责任感：教育传播品牌具有较强的社会影响力和责任感。通过举办文化活动、参与公益事业等方式，积极履行社会责任，提升品牌形象和知名度。同时，品牌还关注学习者的成长和发展，为他们提供广阔的发展空间和机会。

(三)教育传播品牌的推广营销策略

精准定位与目标市场分析：教育传播品牌需要明确自身的市场定位和目标受众。通过对目标市场的深入调研，了解学习者的学习需求、兴趣偏好和消费习惯，从而制定有针对性的推广策略。

内容创新与教学质量提升：教育传播品牌应注重内容的创新和教学质量的提升。通过不断更新和完善教育内容，保持课程的新鲜感和吸引力。同时，加强教师队伍的建设和培训，提升教学水平和服务质量，以满足学习者的期望和需求。

线上线下融合与互动体验：教育传播品牌应充分利用线上线下融合的优势，打造互动体验丰富的学习环境。通过线上平台提供便捷的学习资源和交流空间，线下活动则注重实践操作和互动体验，增强学习者的参与感和归属感。

品牌故事与文化传播：教育传播品牌应善于讲述自己的品牌故事，通过生动的故事情节和丰富的文化内涵，吸引学习者的注意和共鸣。同时，利用社交媒体、网络平台等渠道，广泛传播品牌的教育理念和文化价值，提升品牌的知名度和美誉度。

合作与资源共享：教育传播品牌可以与其他教育机构、文化机构等建立合作关系，共同开发教育资源、举办文化活动。通过资源共享和优势互补，实现教育资源的优化配置和品牌的共同发展。同时，也可以借助合作伙伴的资源和渠道，拓展品牌的市场覆盖面和影响力。

综上所述，教育传播品牌作为文化艺术品牌中的重要类型，应具有深厚的学术背景和专业的教育能力。在推广营销过程中，品牌需要明确自身的定位和优势，制定精准有效的推广策略，同时注重教育内容的创新和教学质量的提升。通过这些措施的实施，教育传播品牌将能够更好地满足学习者的需求和期望，推动文化艺术教育的普及和发展。

四、文娱创意品牌

（一）文娱创意品牌概述

文娱创意品牌，作为文化艺术领域的一股新兴力量，正以其独特的创意和丰富的文化内涵，引领着文化消费的新潮流。这类品牌以文娱内容为核心，通过多元化的创意表达和传播方式，为公众提供丰富多彩的文化娱乐体验。文娱创意品牌不仅承载着文化传承的使命，更在创新发展中展现出强大的市场潜力和社会价值。

（二）文娱创意品牌的特征

创意性与创新性：文娱创意品牌的核心竞争力在于其创意性和创新性。它们善于从传统文化、现代生活、社会热点等多个维度挖掘创意灵感，通过独特的创意表达和新颖的表现形式，为公众带来耳目一新的文化娱乐体验。

文化融合与跨界合作：文娱创意品牌注重文化的融合与跨界合作。它们将不同文化元素进行巧妙融合，创造出具有独特魅力的文化产品。同时，通过与其他行业的跨界合作，拓展品牌的市场边界，实现资源的优化配置和价值的最大化。

用户体验与情感共鸣：文娱创意品牌注重用户体验和情感共鸣。它们通过深入了解用户的需求和偏好，打造符合用户期望的文化娱乐产品。同时，通过情感化的设计和传播方式，引发用户的情感共鸣，增强品牌的忠诚度和用户黏性。

（三）文娱创意品牌的推广营销策略

精准定位与目标市场分析：文娱创意品牌需要明确自身的市场定位和目标受众。通过对目标市场的深入调研，可以了解用户的需求和偏好以及竞争对手的动态，从而制定有针对性的推广策略。同时，也要关注市场趋势和消费者心理的变化，及时调整品牌策略以适应市场变化。

创意内容开发与传播渠道拓展：文娱创意品牌应注重创意内容的开发和传播渠道的拓展。通过深入挖掘文化内涵和创意灵感，打造具有独特魅力的文化娱乐产品。同时，利用多元化的传播渠道，如社交媒体、短视频平台、线下活动等，扩大品牌的知名度和影响力。

用户体验优化与情感营销：文娱创意品牌应注重用户体验的优化和情感营销的实施。通过提升产品的质量和服务的水平，满足用户的期望和需求。同时，通过情感化的设计和传播方式，引发用户的情感共鸣，增强品牌的忠诚度和用户黏性。例如，可以举办粉丝见面会、线上互动活动等，拉近品牌与用户之间的距离。

品牌故事与文化传播：文娱创意品牌应善于讲述品牌故事，通过生动的故事情节和丰富的文化内涵，传递品牌的核心价值和理念。这些故事不仅具有娱乐性，更蕴含着深刻的文化意义和社会价值。同时，通过与其他文化机构的合作和交流，共同推动文化的传承和发展。

数据分析与智能化营销：在数字化时代，文娱创意品牌应充分利用大数据和人工智能技术，进行精准营销和智能化服务。通过对用户数据的收集和分析，了解用户的行为和偏好，为品牌策略的制定提供数据支持。同时，利用智能化技术提升用户体验和服务效率，增强品牌的竞争力。

综上所述，文娱创意品牌作为文化艺术领域的重要类型之一，具有独特的创意性和创新性。在推广营销过程中，品牌需要明确自身的定位和优势，制定精准有效的推广策略。同时，注重创意内容的开发、用户体验的优化、品牌故事的讲述以及数据分析的应用等方面的工作。通过这些措施的实施，文娱创意品牌将能够更好地满足公众的文化娱乐需求，推动文化艺术产业的繁荣发展。

五、艺术交易品牌

（一）艺术交易品牌概述

艺术交易品牌，作为文化艺术市场的重要组成部分，专注于艺术品的交易、鉴赏、投资及文化传播。这类品牌不仅承载着艺术品流通的功能，更在推动艺术市场规范化、专业化发展方面发挥着关键作用。艺术交易品牌通过整合艺术资源、提升服务质量、创新交易模式，为艺术家、收藏家、投资者及公众搭建了一个高效、透明的艺术交流平台。

（二）艺术交易品牌的特征

专业性与权威性：艺术交易品牌的核心竞争力在于其专业性和权威性。它们拥有专业的艺术品鉴定团队和丰富的艺术品资源，能够确保交易的艺术品品质上乘、来源可靠。同时，品牌通过举办艺术展览、研讨会等活动，提升公众的艺术鉴赏能力和投资意识，树立行业权威形象。

多元化交易模式：艺术交易品牌注重交易模式的创新，以满足不同客户群体的需求。除了传统的线下拍卖、画廊交易外，还积极探索线上交易平台、艺术品租赁、艺术品基金等新型交易模式。这些模式既拓宽了艺术品的流通渠道，也降低了艺术品的投资门槛，吸引了更多潜在客户的关注。

国际化视野与资源整合：艺术交易品牌具有国际化的视野，致力于全球艺术资源的整合与共享。它们通过与国际艺术机构、艺术家、收藏家的合作，引进国外优秀艺术品，推动国内外艺术市场的交流与融合。同时，品牌也积极参与国际艺术博览会、拍卖会等活动，提升品牌的国际影响力。

（三）艺术交易品牌的推广营销策略

品牌建设与形象塑造：艺术交易品牌应注重品牌建设和形象塑造。通过打造独特的品牌形象和理念，提升品牌的知名度和美誉度。同时，通过举办高品质的艺术展览、研讨会等活动，树立品牌的权威性和专业性形象，吸引更多潜在客户的关注。

线上线下融合与多渠道推广：艺术交易品牌应充分利用线上线下融合的优势，进行多渠道推广。线上平台可以提供便捷的交易服务和丰富的艺术品信息，吸引年轻客户和投资者的关注；线下活动则可以增强客户的体验和互动，提升用户黏性。通过线上线下融合，实现品牌的全渠道覆盖和精准营销。

艺术教育与文化传播活动：艺术交易品牌应积极参与艺术教育与文化传播活动，提升公众的艺术素养和文化意识。通过举办艺术讲座、工作坊、公益展览等活动，普及艺术知识，传播艺术文化。这些活动不仅可以提升品牌的知名度和影响力，还可以为品牌积累潜在客户和忠实粉丝。

客户关系管理与服务优化：艺术交易品牌应注重客户关系管理和服务优化。通过建立完善的客户数据库和客户关系管理系统，了解客户的需求和偏好，提供个性化的服务和解决方案。同时，通过优化服务流程、提升服务质量、加强售后服务等措施，增强客户的满意度和忠诚度。

综上所述，艺术交易品牌作为文化艺术市场的重要组成部分，具有独特的专业性和权威性。在推广营销过程中，品牌需要明确自身的定位和优势，制定精准有效的推广策略。同时，注重品牌建设、线上线下融合、艺术教育与文化传播、客户关系管理等方面的工作。通过这些措施的实施，艺术交易品牌将能够更好地满足客户的需求和期望，推动艺术市场的规范化、专业化发展。

六、文化旅游品牌

（一）文化旅游品牌概述

文化旅游品牌，作为文化艺术与旅游产业深度融合的产物，旨在通过挖掘和利用地域文化、历史遗迹、民俗风情等文化资源，为游客提供独特而深刻的旅游体验。这类品牌不仅承载着文化传播与旅游开发的功能，更在促进地方经济发展、提升区域文化软实力方面发挥着重要作用。文化旅游品牌通过整合文化资源、创新旅游产品、提升服务质量，为游客创造了一个集文化体验、休闲娱乐、教育启迪于一体的旅游环境。

（二）文化旅游品牌的特征

文化性与独特性：文化旅游品牌的核心在于其文化性和独特性。每个品牌都依托特定的地域文化、历史背景或民俗风情，通过深入挖掘和精心策划，将文化元素融入旅游产品之中，能够形成独特的品牌特色。这种独特性不仅体现在旅游产品的设计上，更体现在游客的旅游体验中，使游客在享受旅游乐趣的同时，也能感受到文化的魅力和深度。

体验性与互动性：文化旅游品牌注重游客的体验性和互动性。通过设计丰富的文化体验活动，如民俗表演、手工艺制作、历史遗迹探访等，让游客能够亲身参与和体验文化，增强游客的参与感和归属感。同时，品牌也注重与游客的互动，通过提供个性化的旅游服务、建立游客反馈机制等方式，不断提升游客的满意度和忠诚度。

可持续性与创新性：文化旅游品牌在发展过程中，注重可持续性和创新性。可持续性要求品牌在开发旅游资源时，要充分考虑环境保护和生态平衡，避免过度开发和破坏。创新性则要求品牌不断推陈出新，通过创新旅游产品、提升服务质量、优化旅游环境等方式，吸引更多游客的关注和参与。

品牌传播与影响力：文化旅游品牌通过有效的品牌传播和营销策略，提升品牌的知名度和影响力。品牌传播不仅限于广告宣传和媒体曝光，更包括口碑传播、社交媒体营销、文化节庆活动等多种方式。通过这些传播方式，品牌能够吸引更多潜在游客的关注和兴趣，提升品牌的知名度和美誉度。

（三）文化旅游品牌的推广营销策略

精准定位与目标市场分析：文化旅游品牌需要明确自身的市场定位和目标客户群体。通过对目标市场的深入调研和分析，了解游客的需求和偏好，以及竞争对手的动态和趋势。在此基础上，制定有针对性的推广策略，如针对不同客户群体设计不同的旅游产品、制定差异化的价格策略等。

文化元素与旅游产品融合：文化旅游品牌应注重文化元素与旅游产品的融合。通过深入挖掘地域文化、历史遗迹、民俗风情等文化资源，将其融入旅游产品之中，形成独特的品牌特色。同时，也要注重旅游产品的创新性和多样性，以满足不同游客的需求和期望。

线上线下融合与多渠道推广：文化旅游品牌应充分利用线上线下融合的优势，进行多渠道推广。线上平台可以提供便捷的旅游预订、信息查询等服务，同时也可以通过社交媒体、短视频等方式进行品牌传播和营销。线下活动则可以增强游客的体验感和互动性，如举办文化节庆活动、民俗表演等。通过线上线下融合，实现品牌的全渠道覆盖和精准营销。

品牌建设与形象塑造：文化旅游品牌应注重品牌建设和形象塑造。通过打造独特的品牌形象和理念，提升品牌的知名度和美誉度。同时，也要注重品牌形象的维护和更新，及时回应游客的反馈和投诉，提升品牌的忠诚度和用户黏性。

合作与共赢：文化旅游品牌在发展过程中，应注重与其他相关产业的合作与共赢。如与酒店、餐饮、交通等行业的合作，共同打造旅游产业链；与地方政府、文化机构等的合作，共同推动文化旅游产业的发展。通过合作与共赢，实现品牌的可持续发展和区域经济的繁荣。

综上所述，文化旅游品牌作为文化艺术与旅游产业深度融合的产物，具有独特的文化性。通过以上措施的实施，文化旅游品牌将能够更好地满足游客的需求和期望，推动文化旅游产业的繁荣发展。

七、艺术跨界品牌（奢侈品）

艺术跨界品牌，特别是奢侈品领域内的艺术跨界，是近年来文化艺术与商业结合的一种创新模式。这类品牌通过将艺术元素融入产品设计、品牌理念及市场推广中，不仅提升了产品的艺术价值和文化内涵，更在奢侈品市场中独树一帜，满足了高端消费者对于独特性和审美价值的追求。下面从艺术跨界品牌的定义、特征、营销策略及影响等方面进行深入剖析，以期为该领域的研究与实践提供参考。

（一）艺术跨界品牌的定义与特征

艺术跨界品牌，指的是那些将艺术元素与奢侈品品牌深度融合，创造出具有独特艺术风格和文化底蕴的产品与服务的品牌。这类品牌通常具有以下特征。

艺术性与奢华性的结合：艺术跨界品牌将艺术元素融入产品设计、材质选择、制作工艺等各个环节，使产品不仅具有奢华的品质，更富有艺术美感。这种结合既提升了产品的附加值，也满足了消费者对审美和情感价值的追求。

独特性与定制化的服务：艺术跨界品牌注重产品的独特性和定制化服务。通过艺术家与设计师的合作，创造出独一无二的艺术作品，满足高端消费者对个性和独特性的需求。同时，品牌还提供定制化的服务，如个性化设计、专属刻字等，进一步增强消费者的忠诚度。

品牌理念与艺术的共鸣：艺术跨界品牌通常具有深厚的品牌理念和价值观，这些理念与艺术的共鸣成为品牌独特的文化标志。品牌通过艺术跨界的方式，将品牌理念与艺术作品相结合，传递出独特的品牌文化和精神内涵。

（二）艺术跨界品牌的营销策略

艺术家合作与联名系列：艺术跨界品牌常常与知名艺术家或设计师合作，推出联名系列产品或限量版艺术品。这种合作不仅提升了品牌的艺术价值，还吸引了艺术家的粉丝和收藏家的关注，扩大了品牌的受众群体。

艺术展览与活动：品牌通过举办艺术展览、艺术沙龙等活动，将艺术元素融入市场推广中。这些活动不仅为消费者提供了近距离接触艺术的机会，还增强了品牌与消费者的互动和黏性。同时，品牌还可以利用这些活动进行品牌宣传和推广，提升品牌的知名度和美誉度。

社交媒体与数字营销：艺术跨界品牌充分利用社交媒体和数字营销平台，通过发布艺术作品、艺术家访谈、产品展示等内容，吸引消费者的关注和兴趣。这些平台不仅为品牌提供了与消费者直接沟通的机会，而且帮助品牌扩大了受众群体和影响力。

文化与情感的共鸣：艺术跨界品牌注重与消费者的文化和情感共鸣。通过讲述品牌故事、传递品牌理念等方式，与消费者建立情感链接。这种共鸣不仅增强了消费者对品牌的认同感和忠诚度，而且提升了品牌的文化价值和市场竞争力。

（三）艺术跨界品牌的影响

艺术跨界品牌对奢侈品市场、消费者及文化艺术领域都产生了深远的影响。首先，这类品牌推动了奢侈品市场的创新和多元化发展，为消费者提供了更多样化的选择。其次，艺术跨界品牌通过提升产品的艺术价值和文化内涵，满足了消费者对审美和情感价值的追求，增强了消费者的购买意愿和忠诚度。最后，艺术跨界品牌也促进了文化艺术与商业的结合，为艺术家和设计师提供了更多的展示机会和商业合作可能。

综上所述，艺术跨界品牌作为奢侈品市场中的一种创新模式，通过融合艺术元素与奢侈品品牌，不仅提升了产品的艺术价值和文化内涵，还满足了高端消费者对独特性和审美价值的追求。在未来，随着消费者对艺术和文化价值的日益重视，艺术跨界品牌有望在奢侈品市场中占据更加重要的地位。

八、日常生活品牌

在当代社会，文化艺术不再局限于高雅殿堂与展览空间，而是日益融入人们的日常生活中，形成了一种全新的生活方式和文化体验。日常生活品牌，作为文化艺术与消费生活融合的典范，通过巧妙地将文化艺术元素融入产品设计、品牌理念及市场推广，不仅丰富了消费者的生活品质，还推动了文化艺术的大众化与普及化。下面以日常生活品牌为研究对象，从品牌特征、营销策略、文化价值及市场影响等维度进行深度剖析，旨在揭示其背后的学术逻辑与市场规律。

（一）日常生活品牌的特征

文化艺术元素的融入：日常生活品牌的核心在于将文化艺术元素巧妙地融入产品设计与品牌文化中，使产品不仅具备实用功能，更富有艺术美感与文化内涵。这种融合不仅体现在外观设计上，更深入到产品的材质选择、制作工艺及使用体验等多个层面。

生活方式的倡导：日常生活品牌不仅仅是在销售产品，更是在推广一种生活方式和文化态度。它们通过品牌故事、产品理念及营销活动，引导消费者形成特定的生活方式和审美观念，从而建立起品牌与消费者之间的情感链接。

品质与创新的并重：日常生活品牌注重产品的品质与创新，追求在保持传统工艺与文化底蕴的同时，融入现代设计理念和技术手段，使产品既具有历史厚重感，又不失时尚与新颖。

（二）日常生活品牌的营销策略

故事化传播：日常生活品牌善于通过讲述品牌故事，将文化艺术元素与品牌理念相结合，形成独特的品牌叙事。这些故事往往蕴含着丰富的文化内涵和情感价值，能够引发消费者的共鸣，增强其品牌认知度和忠诚度。

跨界合作与联名：通过与艺术家、设计师或文化机构的跨界合作，日常生活品牌能够借助对方的知名度和影响力，提升品牌的文化艺术价值。联名产品不仅能够吸引特定粉丝群体的关注，还能通过双方的互补优势，实现品牌价值的最大化。

体验营销与互动：日常生活品牌注重为消费者提供全方位的体验服务，通过线下体验店、品牌活动及线上互动平台等渠道，让消费者在亲身体验中感受品牌的文化艺术魅力。这种体验不仅增强了消费者对品牌的认知，还促进了品牌与消费者之间的情感交流。

数字化与社交媒体：在数字化时代，日常生活品牌充分利用社交媒体和电商平台进行品牌推广和营销。通过发布精美图片、视频及互动内容，吸引年轻消费者的关注，同时利用大数据分析消费者行为，实现精准营销和个性化服务。

(三)日常生活品牌的文化价值

文化传承与创新:日常生活品牌通过将文化艺术元素融入产品设计,不仅传承了传统文化艺术,还通过创新设计使其焕发新生。这种传承与创新的结合,既保留了文化的根脉,又满足了现代消费者的审美需求。

提升生活品质:日常生活品牌注重产品的实用性与审美性的统一,通过高品质的产品和服务,提升了消费者的生活品质。它们不仅满足了消费者的物质需求,更通过文化艺术元素的融入,丰富了消费者的精神世界。

促进社会文化交流:日常生活品牌通过品牌活动、展览及社交媒体等渠道,促进了不同文化背景下消费者之间的交流与互动。这种交流不仅有助于增进相互理解和尊重,还推动了文化艺术的多元化发展。

(四)日常生活品牌的市场影响

推动文化艺术产业发展:日常生活品牌的兴起,为文化艺术产业提供了新的发展机遇和市场空间。它们通过跨界合作、产品创新及品牌推广等方式,推动了文化艺术产业的繁荣与发展。

引领消费趋势:日常生活品牌以其独特的品牌理念和产品设计,引领着消费市场的潮流和趋势。它们通过满足消费者对个性化、品质化及文化艺术化的需求,推动了消费市场的升级和转型。

增强品牌竞争力:在激烈的市场竞争中,日常生活品牌凭借其独特的文化艺术魅力和高品质的产品与服务,赢得了消费者的青睐和信任。这种竞争力不仅体现在市场份额的争夺上,更体现在品牌形象的塑造和消费者忠诚度的提升上。

综上所述,日常生活品牌作为文化艺术与消费生活融合的典范,通过巧妙地将文化艺术元素融入产品设计、品牌理念及市场推广中,不仅丰富了消费者的生活品质,还推动了文化艺术的大众化与普及化。在未来,随着消费者对文化艺术价值的日益重视和审美需求的不断提升,日常生活品牌有望在市场中占据更加重要的地位并发挥更加积极的作用。

第三节　文化艺术品牌生态圈

一、构建因素

在文化艺术产业蓬勃发展的今天，品牌生态圈的概念逐渐进入人们的视野。文化艺术品牌生态圈是一个由多个相关利益者共同构成的复杂系统，这些利益者包括艺术家、创作者、消费者、媒体、金融机构等，他们通过相互关联、相互影响，共同塑造并维护一个文化艺术品牌的成长与发展。本节旨在深入探讨文化艺术品牌生态圈的构建因素，从学术角度解析其内在逻辑与运作机制。

（一）核心要素：品牌主体与创作者

文化艺术品牌生态圈的核心在于品牌主体与创作者。品牌主体通常是文化艺术作品的原创者或拥有者，他们通过创作、设计、生产等环节，将文化艺术元素融入产品中，形成独特的品牌特色。创作者则是品牌创意的源泉，他们的艺术才华与创新能力是品牌持续发展的关键。在品牌生态圈的构建中，品牌主体与创作者需要保持紧密的合作关系，共同推动品牌的创新与升级。

（二）消费者需求与市场导向

消费者是文化艺术品牌生态圈的重要组成部分。他们的需求与偏好直接决定了品牌的发展方向与市场定位。在构建品牌生态圈时，必须深入了解消费者的需求与期望，通过市场调研、数据分析等手段，精准把握市场动态与趋势。同时，品牌还需要根据消费者的反馈与意见，不断调整与优化产品与服务，以满足市场的多元化需求。

(三)媒体传播与品牌塑造

媒体是文化艺术品牌生态圈中不可或缺的一环。它通过新闻报道、广告宣传、社交媒体等多种渠道,将品牌信息传递给广大消费者,塑造品牌形象,提升品牌知名度与美誉度。在构建品牌生态圈时,品牌需要与媒体建立长期稳定的合作关系,充分利用媒体资源,进行精准有效的品牌传播。同时,品牌还需要注重内容的创新与创意,通过故事化、情感化的传播方式,增强品牌的吸引力与感染力。

(四)金融机构与资本支持

金融机构在文化艺术品牌生态圈中扮演着重要的角色。它们为品牌提供资金支持,帮助品牌解决资金短缺问题,推动品牌的快速发展。在构建品牌生态圈时,品牌需要积极寻求金融机构的合作与支持,通过融资、投资等方式,获取足够的资本支持。同时,品牌还需要注重财务管理与风险控制,确保资金的合理使用与有效回报。

(五)合作伙伴与产业链整合

合作伙伴是文化艺术品牌生态圈中的关键力量。他们包括供应商、分销商、零售商等产业链上下游企业,以及艺术家、设计师等创意人才。在构建品牌生态圈时,品牌需要与合作伙伴建立紧密的合作关系,共同推动产业链的整合与优化。通过资源共享、优势互补等方式,提升整个产业链的竞争力与协同效应。同时,品牌还需要注重合作伙伴的选择与管理,确保合作关系的稳定与持久。

(六)政策环境与法规支持

政策环境与法规支持是文化艺术品牌生态圈构建的重要外部条件。政府通过制定相关政策与法规,为文化艺术产业的发展提供有力保障。在构建品牌生态圈时,品牌需要密切关注政策动态与法规变化,充分利用政策红利与法规支持,推动品牌的快速发展。同时,品牌还需要注重合规经营与风险管理,确保品牌运营的合法性与稳定性。

综上所述，文化艺术品牌生态圈的构建是一个复杂而系统的过程。在构建过程中，品牌需要综合考虑以上因素，形成协同效应与竞争优势，推动品牌的持续发展与壮大。未来，随着文化艺术产业的不断繁荣与发展，品牌生态圈将成为推动文化艺术品牌成长与壮大的重要力量。

二、构成模块

在文化艺术产业的广阔领域中，品牌生态圈作为一种新兴的发展模式，正逐步成为推动文化艺术品牌持续成长与创新的关键力量。文化艺术品牌生态圈是一个由多个相互关联、相互依存的模块构成的复杂系统，这些模块共同作用于品牌的推广与营销，促进品牌的全面发展。下面从学术角度深入剖析文化艺术品牌生态圈的构成模块，揭示其内在结构与运作机制。

（一）核心创意模块

核心创意模块是文化艺术品牌生态圈的心脏，它负责孕育和输出品牌的独特创意与核心价值。这一模块通常由艺术家、设计师、策划人等创意人才组成，他们通过艺术创作、设计构思、品牌策划等活动，为品牌注入鲜明的个性与灵魂。核心创意模块的输出成果不仅影响着品牌产品的设计与开发，还直接决定了品牌在市场上的差异化竞争优势。

（二）产品与服务模块

产品与服务模块是文化艺术品牌生态圈的物质基础，它负责将核心创意转化为具体的产品或服务，满足消费者的需求与期望。这一模块包括产品研发、生产、质量控制、售后服务等多个环节，确保品牌产品与服务在品质、功能、设计等方面达到市场领先水平。同时，产品与服务模块还需要根据市场反馈与消费者需求，不断调整与优化产品或服务，保持品牌的竞争活力。

（三）品牌传播模块

品牌传播模块是文化艺术品牌生态圈中连接品牌与消费者的桥梁，它负责将品牌信息传递给目标受众，提升品牌知名度与美誉度。这一模块包括广告、公关、社交媒体、线下活动等多种传播渠道与手段，通过精准定位、创意策划、有效执行等方式，实现品牌信息的广泛传播与深度影响。品牌传播模块的成功运作，有助于构建品牌形象，增强品牌忠诚度与口碑效应。

（四）消费者互动模块

消费者互动模块是文化艺术品牌生态圈中消费者参与的重要平台，它负责建立品牌与消费者之间的直接联系，促进双方的沟通与互动。这一模块包括客户服务、用户社区、线上互动等多个方面，通过提供个性化服务、解答消费者疑问、收集用户反馈等方式，增强消费者的参与感与归属感。消费者互动模块的有效运作，有助于提升品牌满意度与忠诚度，为品牌的长期发展奠定坚实基础。

（五）合作伙伴与产业链模块

合作伙伴与产业链模块是文化艺术品牌生态圈中资源整合与价值共创的关键环节，它负责建立品牌与产业链上下游企业之间的合作关系，实现资源共享与优势互补。这一模块包括供应商、分销商、零售商、合作伙伴等多个方面，通过战略合作、协同创新等方式，提升整个产业链的竞争力与协同效应。合作伙伴与产业链模块的成功运作，有助于拓宽品牌的市场渠道，提升品牌的供应链管理能力。

（六）政策环境与法规支持模块

政策环境与法规支持模块是文化艺术品牌生态圈外部环境的重要组成部分，它负责为品牌的发展提供政策保障与法规支持。这一模块包括政府政策、行业规范、法律法规等多个方面，通过制定相关政策与法规，为文化艺术产业的发展提供有力保障。政策环境与法规支持模块的成功运作，有助于降低品牌运营的法律风险，提升品牌的合规经营能力。

综上所述，文化艺术品牌生态圈的构成模块包括核心创意、产品与服务、品牌传播、消费者互动、合作伙伴与产业链以及政策环境与法规支持等多个方面。这些模块相互关联、相互依存，共同作用于品牌的推广与营销，推动品牌的全面发展。未来，随着文化艺术产业的不断繁荣与发展，品牌生态圈将成为推动文化艺术品牌持续成长与创新的重要力量。

三、关键参与者

文化艺术品牌生态圈作为推动文化产业创新发展的重要力量，其内部结构与运作机制复杂而精细。在这个生态系统中，关键参与者扮演着至关重要的角色，他们共同作用于品牌的推广与营销，促进品牌的成长与繁荣。下面从学术角度深入探讨文化艺术品牌生态圈的关键参与者，揭示其角色定位、功能作用及相互间的互动关系。

（一）品牌创始人与管理者

品牌创始人与管理者是文化艺术品牌生态圈的核心领导者，他们负责品牌的战略规划、资源整合与日常管理。作为品牌的缔造者，他们不仅拥有深厚的文化底蕴和艺术修养，还具备敏锐的市场洞察力和卓越的领导能力。品牌创始人与管理者通过制定品牌愿景、使命与价值观，为品牌的发展指明方向；同时，他们通过优化资源配置、提升运营效率，确保品牌在市场中的竞争力。

（二）艺术家与设计师

艺术家与设计师是文化艺术品牌生态圈中的创意源泉，他们负责为品牌提供独特的艺术风格与设计理念。艺术家通过艺术创作，将情感与思想融入作品中，为品牌注入灵魂与活力；设计师则通过设计创新，将艺术元素与市场需求相结合，创造出既符合品牌调性又满足消费者需求的产品与服务。艺术家与设计师的创意贡献，不仅提升了品牌的文化内涵与艺术价值，还增强了品牌的差异化竞争优势。

（三）营销与传播专家

营销与传播专家是文化艺术品牌生态圈中的市场推广与品牌传播的关键力量。他们通过市场调研、品牌策划、广告创意、社交媒体营销等手段，将品牌信息传递给目标受众，提升品牌知名度与美誉度。营销与传播专家不仅具备丰富的市场经验与敏锐的消费者洞察力，还擅长运用新媒体与数字技术，实现品牌信息的精准传播与深度互动。他们的专业贡献，有助于构建品牌形象，增强品牌忠诚度与口碑效应。

（四）消费者与粉丝社群

消费者与粉丝社群是文化艺术品牌生态圈中不可或缺的重要参与者。他们不仅是品牌产品的购买者与使用者，更是品牌口碑的传播者与品牌价值的共创者。通过参与品牌活动、分享使用体验、提出改进建议等方式，消费者与粉丝社群为品牌提供了宝贵的市场反馈与创意灵感。同时，他们之间的交流与互动，形成了独特的品牌文化与社会影响力。

（五）合作伙伴与产业链上下游企业

合作伙伴与产业链上下游企业是文化艺术品牌生态圈中资源整合与价值共创的重要力量。他们包括供应商、分销商、零售商、媒体机构等，通过战略合作、协同创新等方式，共同推动品牌的发展。合作伙伴与产业链上下游企业的参与，不仅拓宽了品牌的市场渠道与材料来源，还提升了品牌的供应链管理能力与市场竞争力。

（六）政策制定者与行业协会

政策制定者与行业协会是文化艺术品牌生态圈外部环境的关键影响因素。他们通过制定相关政策与法规、建立行业标准与规范、推动文化产业发展等方式，为品牌的发展提供有力保障。政策制定者与行业协会的积极参与，有助于降低品牌运营的法律风险与合规成本，提升品牌的可持续发展能力。

综上所述，文化艺术品牌生态圈的关键参与者包括品牌创始人与管理者、艺术家与设计师、营销与传播专家、消费者与粉丝社群、合作伙伴与产业链上下游企业以及政策制定者与行业协会。这些关键参与者共同作用于品牌的推广与营销，促进品牌的成长与繁荣。未来，随着文化产业的不断发展与变革，关键参与者的角色定位与功能作用将不断演变与升级，为文化艺术品牌的持续创新与发展注入新的活力与动力。

四、发展路径

文化艺术品牌生态圈作为文化产业发展的重要组成部分，其发展路径的选择与构建，不仅关乎品牌自身的成长与繁荣，更影响着整个文化产业的创新与升级。

（一）品牌定位与差异化策略

文化艺术品牌生态圈的发展始于品牌定位。品牌需明确自身在市场中的独特价值与竞争优势，通过差异化策略，打造具有鲜明特色的品牌形象。这要求品牌深入理解目标受众的文化需求与审美偏好，精准把握市场趋势与竞争格局，从而确立品牌的核心竞争力。在品牌定位的基础上还需不断迭代升级，保持与市场的同步与引领，确保品牌的持续吸引力与影响力。

（二）创意驱动与内容创新

创意与内容是文化艺术品牌生态圈的核心竞争力。品牌需通过持续不断的创意驱动与内容创新，为受众提供新颖、独特、富有内涵的文化体验。这要求品牌深入挖掘传统文化资源，融合现代审美与技术手段，创造出具有时代感与共鸣力的文化产品与服务。同时，品牌还需注重内容的多元化与个性化，满足不同受众的差异化需求，提升品牌的包容性与互动性。

（三）数字化营销与渠道拓展

在数字化时代，文化艺术品牌需充分利用数字技术，实现营销手段的创新与升级。品牌可通过社交媒体、短视频、直播等新兴平台,构建全方位、多维度的营销体系,提升品牌的曝光度与消费者参与度。同时,品牌还需积极拓展线上线下融合渠道,构建线上线下一体化的消费体验,实现品牌价值的最大化。在渠道拓展过程中,品牌需注重与合作伙伴的互利共赢,共同打造良好的市场环境。

(四)社群构建与粉丝经济

社群构建与粉丝经济是文化艺术品牌生态圈发展的重要方向。品牌需通过构建粉丝社群,加强与受众的情感链接与互动,提升品牌的忠诚度与归属感。在社群构建过程中,品牌需注重内容的共创与分享,激发受众的参与热情与创造力,形成独特的品牌文化与社会影响力。同时,品牌还需充分利用粉丝经济的商业价值,通过粉丝营销、衍生品开发等方式,实现品牌价值的变现与增值。

(五)跨界合作与资源整合

跨界合作与资源整合是文化艺术品牌生态圈拓展市场、提升竞争力的重要手段。品牌需积极寻求不同领域、不同行业的合作伙伴,通过资源共享、优势互补,共同打造具有创新性与影响力的文化项目。在跨界合作过程中,品牌需注重合作方的品牌理念与文化价值观的契合度,确保合作项目的质量与效果。同时,品牌还需注重资源整合的深度与广度,通过优化资源配置、提升运营效率,实现品牌价值的最大化。

(六)可持续发展与社会责任

可持续发展与社会责任是文化艺术品牌生态圈长期发展的重要保障。品牌需注重环境保护、文化传承、社会公益等方面的社会责任,通过实际行动践行品牌理念,提升品牌的社会形象与声誉。在可持续发展方面,品牌需注重产品的环保性与可持续性,推动绿色生产与消费;在社会责任方面,品牌需积极参与社会公益活动,为社会贡献正能量。

综上所述，这些发展路径相互关联、相互促进，共同构成文化艺术品牌生态圈的发展框架与动力系统。未来，随着文化产业的不断发展与变革，文化艺术品牌生态圈的发展路径将更加丰富多元，为品牌实践与理论研究提供新的机遇与挑战。

第四章　文化艺术品牌推广营销环境分析

第一节　PEST 分析

在探讨文化艺术品牌推广营销的过程中，PEST 分析（political：政治；economic：经济；social：社会；technological：技术）提供了一个全面而深入的框架，用以理解品牌所处的宏观环境。

一、政策环境

（一）政策环境的定义与重要性

政策环境是指影响文化艺术品牌推广营销的政治与法律因素的总和，包括国家的社会制度、政府的方针政策、法律法规、文化政策、版权保护、税收政策、市场准入与监管以及国际贸易政策等。这些因素直接或间接地影响着文化艺术品牌的生存与发展，是品牌制定战略、规划市场、实施营销活动的重要依据。

（二）政策环境对文化艺术品牌推广营销的影响

文化政策：政府通过文化政策来支持和鼓励文化产业的发展，如资金支持、文化节庆活动组织、文化机构设立等。这些政策为文化艺术品牌提供了良好的发展环境和机遇，有助于提升品牌的知名度和影响力。同时，文化政策还鼓励文化创新，为品牌提供丰富的文化内涵和创意源泉。

知识产权法：知识产权法是保护文化艺术品牌创意和知识产权的重要工

具。这些法律确保了品牌的知识产权不被侵犯，为品牌的创新和发展提供了法律保障。同时，也鼓励了艺术家和创意团队的创新，促进了文化艺术的繁荣。

税收政策：政府的税收政策对文化艺术品牌的盈利能力和市场竞争力具有重要影响。税收减免或优惠政策可以降低品牌的运营成本，提高盈利能力，从而鼓励品牌进行更多的创新和投资。

市场准入与监管：政府制定的市场准入标准和监管政策对文化艺术品牌的市场进入和竞争行为具有重要影响。严格的监管政策可以规范市场秩序，保护消费者的权益，同时也为品牌提供了公平竞争的市场环境。

国际贸易政策：在全球化背景下，国际贸易政策对文化艺术品牌的跨国推广营销具有重要影响。政府的国际贸易协议和关税政策可以影响文化产品和服务的国际进出口，为品牌提供国际市场的机遇和挑战。

（三）应对政策环境的策略

密切关注政策动态：文化艺术品牌应密切关注政府的文化政策、法律法规、税收政策等动态变化，及时调整战略和营销活动，以适应政策环境的变化。

加强版权保护意识：品牌应增强版权保护意识，积极维护自身的知识产权，同时尊重他人的版权，避免侵权纠纷。

利用税收优惠政策：品牌应充分利用政府的税收优惠政策，降低运营成本，提高盈利能力，为品牌的创新和发展提供资金支持。

遵守市场准入与监管政策：品牌应遵守政府制定的市场准入标准和监管政策，规范自身的市场行为，维护市场秩序和消费者权益。

拓展国际市场：在国际贸易政策允许的范围内，品牌应积极拓展国际市场，利用国际贸易协议和关税政策，提升品牌在国际市场的竞争力。

通过以上这些策略的实施，品牌可以更好地适应政策环境的变化，提升自身的竞争力和影响力。未来，文化艺术品牌需要持续关注和应对政策环境的不断变化和发展，以确保品牌的长期繁荣和发展。

二、经济环境

(一)经济环境的定义与重要性

经济环境指的是影响文化艺术品牌推广营销活动的各种经济因素的总和,包括国民生产总值、人均收入水平、消费结构、经济周期、通货膨胀率、货币政策、财政政策、国际贸易状况等。这些因素共同构成了品牌生存与发展的经济基础,对品牌的营销策略、市场定位、产品定价、渠道选择等产生深远影响。

(二)经济环境对文化艺术品牌推广营销的影响

人均收入与消费结构:随着人均收入的增加,消费者对文化艺术产品的需求呈现出多样化与个性化的趋势。这不仅为文化艺术品牌提供了广阔的市场空间,也要求品牌在产品创新、服务质量、用户体验等方面不断提升,以满足消费者日益增长的品质需求。同时,消费结构的升级促使品牌关注高端市场与细分市场的开发,通过差异化竞争策略提升品牌影响力。

经济周期与市场需求:经济周期的变化直接影响市场需求与消费者购买力。在经济繁荣期,市场需求旺盛,消费者购买力增强,文化艺术品牌可借此机会扩大市场份额,提升品牌影响力。然而,在经济衰退期,市场需求萎缩,消费者购买力下降,品牌需采取灵活的价格策略、成本控制与市场营销手段,以应对市场挑战。

货币政策与财政政策:货币政策与财政政策通过调节利率、信贷、税收等手段影响市场资金流动与消费者购买力。例如,宽松的货币政策可能降低利率,刺激消费与投资,为文化艺术品牌提供融资便利与市场机遇;而紧缩的货币政策则可能提高融资成本,抑制消费,对品牌造成市场压力。财政政策如税收优惠、补贴政策等则可直接降低品牌运营成本,提升市场竞争力。

国际贸易状况与全球化:在全球化背景下,国际贸易状况对文化艺术品牌的跨国推广营销具有重要影响。国际贸易协议、关税政策、汇率变动等因素直接影响文化产品与服务的国际进出口,为品牌提供国际市场的机遇与挑战。品牌需关注国际贸易动态,优化产品组合,拓展国际市场渠道,以应对全球化带来的市场变化。

(三）应对经济环境的策略

灵活定价与产品创新：根据经济周期与市场需求的变化，品牌应采取灵活的定价策略与产品创新策略，以满足不同消费者群体的需求。在经济繁荣期，可推出高端产品线，提升品牌形象；在经济衰退期，则可通过价格优惠、性价比高的产品吸引消费者。

成本控制与效率提升：品牌应关注成本控制与效率提升，通过优化供应链管理、降低运营成本、提高生产效率等手段，增强品牌的市场竞争力。同时，利用数字化技术提升市场营销效率，实现精准营销与个性化服务。

多元化市场策略：面对多变的经济环境，品牌应采取多元化市场策略，拓展国内外市场渠道，降低市场依赖风险。通过深入了解不同市场的消费者需求与消费习惯，定制差异化营销策略，提升品牌在不同市场的渗透率与影响力。

政策利用与合规经营：品牌应充分利用政府提供的政策支持与优惠政策，如税收优惠、补贴政策等，降低运营成本。同时，遵守相关法律法规与行业标准，确保合规经营，维护品牌形象与声誉。

经济环境对文化艺术品牌推广营销具有重要影响，品牌需密切关注经济动态，灵活应对市场变化，提升市场竞争力与品牌影响力。

三、社会环境

（一）社会环境的定义与重要性

社会环境是指影响文化艺术品牌推广营销活动的各种社会因素的总和，包括人口结构、教育水平、价值观念、文化传统、社会习俗、宗教信仰、生活方式等。这些因素不仅塑造了消费者的行为模式和消费偏好，还影响了品牌的市场定位、产品设计和营销策略。因此，深入分析社会环境对于品牌制定精准的营销策略、提升市场竞争力具有重要意义。

（二）社会环境对文化艺术品牌推广营销的影响

人口结构与市场需求：人口结构的变化直接影响市场需求和消费者行为。例如，随着年轻人口比例的上升，品牌应关注年轻消费者的审美偏好和消费习惯，推出符合其需求的创意产品。同时，老龄化社会的到来要求品牌关注老年人的文化消费需求，提供便捷、舒适的文化艺术服务。

教育水平与审美素养：教育水平的提升增强了消费者的审美素养和文化意识，使得他们对文化艺术产品的品质和内涵有了更高的要求。品牌应提升产品的文化内涵和艺术价值，通过教育和文化活动提升消费者的审美认知，增强品牌的文化认同感和归属感。

价值观念与消费选择：价值观念是影响消费者购买决策的重要因素。随着社会的发展，消费者对个性表达、环保意识、社会责任等方面的关注程度日益提高。品牌应传递积极向上的价值观，倡导绿色消费、社会公益等理念，以赢得消费者的信任和认可。

文化传统与社会习俗：文化传统和社会习俗对消费者的消费习惯和行为模式具有深远的影响。品牌应尊重并融入当地的文化传统和社会习俗，通过创意性的营销手段将文化艺术产品与当地文化相结合，提升品牌的文化亲和力和市场渗透力。

生活方式与消费趋势：生活方式的变化直接影响消费者的消费趋势和偏好。随着城市化进程的加速和人们生活水平的提高，消费者对文化艺术产品的需求呈现出多样化、个性化的特点。品牌应关注消费者的生活方式变化，提供多样化的产品选择和个性化的服务体验，以满足消费者的需求。

（三）应对社会环境的策略

品牌应根据人口结构、教育水平、价值观念等因素进行精准市场定位，明确目标受众和市场需求，制定针对性的营销策略。品牌应提升产品的文化内涵和艺术价值，通过教育和文化活动提升消费者的审美认知和文化素养，增强品牌的文化认同感和归属感。品牌应传递积极向上的价值观，倡导绿色消费、社会公益等理念，以赢得消费者的信任和认可，提升品牌形象和市场竞争力。品牌应尊重并融入当地的文化传统和社会习俗，通过创意性的营销手段将文化艺术产品与当地文化相结合，提升品牌的文化亲和力和市场渗透力。同时，注重跨文化营销，将品牌文化与国际市场相结合，拓展国际市场渠道。品牌应关注消费者的生活方式变化，提供多样化的产品选择和个性化的服务体验，引领消费趋势，满足消费者的需求。

社会环境对文化艺术品牌的推广营销具有深远的影响。品牌应深入分析社会环境的变化趋势，精准把握消费者的行为模式和消费偏好，制定有效的营销策略，从而在复杂多变的社会环境中寻找机遇，提升市场竞争力，实现可持续发展。

四、技术环境

（一）技术环境的定义与重要性

技术环境指的是影响文化艺术品牌推广营销活动的各种技术因素的总和，包括信息技术、数字技术、通信技术、新媒体技术等。这些技术不仅改变了品牌的信息传播方式，还影响了消费者的信息接收习惯和消费行为。技术环境的快速发展为文化艺术品牌提供了更多元化的营销手段，同时也对品牌的营销策略和创新能力提出了更高的要求。

（二）技术环境对文化艺术品牌推广营销的影响

信息传播方式的变革：互联网和新媒体技术的普及，使得信息传播更加迅速、广泛和个性化。文化艺术品牌可以利用社交媒体、短视频平台等新媒体渠道，以图文、视频等多种形式展示品牌文化和产品特色，吸引消费者的注意力。同时，通过搜索引擎优化（SEO）、内容营销等手段，提高品牌在网络上的可见度和影响力。

消费者行为模式的改变：随着技术的进步，消费者的信息获取和消费行为模式发生了显著变化。他们更倾向于通过在线搜索、社交媒体推荐等方式了解品牌和产品信息，同时也更加注重个性化、定制化的消费体验。文化艺术品牌需要关注消费者的这些变化，通过大数据分析和人工智能技术，精准把握消费者的需求和偏好，提供个性化的产品和服务。

营销手段的多元化：技术环境的快速发展为文化艺术品牌提供了更多元化的营销手段。例如，利用虚拟现实（VR）和增强现实（AR）技术，为消费者提供沉浸式的文化体验；通过人工智能（AI）技术，实现智能客服、智能推荐等功能，提升消费者的购物体验；利用区块链技术，确保文化艺术产品的真实性和唯一性，增强品牌的信誉和竞争力。

营销创新的挑战：技术环境的快速发展也带来了营销创新的挑战。文化艺术品牌需要不断关注新兴技术的发展趋势，积极探索新技术在营销中的应用场景和可能性。同时，还需要加强技术研发和创新能力，不断提升品牌的科技含量和附加值。

（三）应对技术环境的策略

加强技术投入与研发：文化艺术品牌应加大对技术的投入和研发力度，积极探索新技术在营销中的应用场景和可能性。通过技术创新，提升品牌的科技含量和附加值，增强品牌的竞争力。

优化营销渠道与手段：根据技术环境的变化，优化营销渠道和手段。利用新媒体平台和大数据技术，实现精准营销和个性化服务；通过虚拟现实和增强现实技术，提供沉浸式的文化体验；利用区块链技术，确保产品的真实性和唯一性。

培养技术人才与团队：加强技术人才和团队的培养和引进，提升品牌在技术研发和创新能力方面的实力。通过人才队伍建设，为品牌的长期发展提供有力保障。

关注消费者需求与反馈：技术环境的变化带来了消费者需求和反馈的多样化。品牌应关注消费者的需求和反馈，通过大数据分析和人工智能技术，精准把握消费者的需求和偏好，及时调整营销策略和产品设计。

技术环境对文化艺术品牌推广营销具有深远的影响。品牌应密切关注技术环境的变化趋势，加强技术投入与研发，优化营销渠道与手段，培养技术人才与团队，并关注消费者需求与反馈。通过这些措施，品牌可以在技术环境的变革中抓住机遇，提升营销效果，实现可持续发展。

第二节 SWOT 分析

在探讨文化艺术品牌推广营销的过程中，SWOT 分析（stregths：优势；weaknesses：劣势；opportunities：机会；threats：威胁）提供了另一个研究框架，用以理解品牌所处的宏观环境。

一、优势

（一）创意与独特性：文化艺术品牌的核心竞争力

文化艺术品牌的核心优势在于其创意与独特性。文化艺术作品往往承载着丰富的文化内涵和独特的审美价值，这使得文化艺术品牌在市场上具有极高的辨识度和吸引力。品牌通过独特的创意和表现形式，将文化艺术元素融入产品或服务中，从而创造出与众不同的品牌形象和品牌价值。这种独特性不仅满足了消费者对个性化、差异化产品的需求，还提升了品牌的竞争力和市场地位。在创意与独特性的基础上，文化艺术品牌能够不断推出新颖、富有创意的产品和服务，吸引消费者的关注和喜爱。例如，通过举办艺术展览、音乐会、文化节等活动，品牌可以与消费者进行深度互动，增强消费者对品牌的认知和认同。同时，品牌还可以利用新媒体和社交媒体平台，通过创意营销手段将文化艺术元素与品牌理念相结合，形成独特的品牌形象和传播方式。

（二）文化与历史价值：文化艺术品牌的深厚底蕴

文化艺术品牌往往具有深厚的文化和历史价值，这是品牌的重要优势之一。文化艺术作品作为历史的见证和文化的载体，具有极高的历史价值和艺术价值。品牌通过挖掘和传承这些文化和历史元素，可以打造出具有独特魅力和深厚底蕴的品牌形象。文化与历史价值不仅为品牌提供了丰富的创意源泉，还为品牌赋予了独特的文化内涵和品牌价值。品牌可以通过讲述品牌故事、传承品牌文化等方式，将文化和历史元素融入品牌传播和营销活动中，增强消费者对品牌的情感认同和文化归属感。同时，品牌还可以利用文化和历史元素的跨界合作和创新，拓展品牌的应用领域和市场空间。

（三）情感共鸣与精神满足：文化艺术品牌的情感链接

文化艺术品牌具有强大的情感共鸣和精神满足能力，这是品牌与消费者建立深度情感链接的重要基础。文化艺术作品能够触动人的内心，引发共鸣，带给观众情感上的满足和精神上的愉悦。品牌通过传递文化艺术元素和审美价值，可以激发消费者的情感共鸣和认同感，从而建立起与消费者之间的深度情感链接。情感共鸣与精神满足不仅有助于提升消费者对品牌的忠诚度和满意度，还能够为品牌创造更多的商业机会和市场价值。品牌可以通过举办艺术展览、音乐会等活动，邀请消费者参与体验品牌的文化艺术魅力，从而增强消费者对品牌的认知和认同。同时，品牌还可以利用情感共鸣和精神满足的优势，进行品牌延伸和跨界合作，拓展品牌的应用领域和市场空间。

（四）跨界合作与商业机会：文化艺术品牌的多元化发展

文化艺术品牌具有广泛的跨界合作和商业机会，这是品牌实现多元化发展和市场拓展的重要途径。品牌可以与不同行业的企业进行跨界合作，共同打造具有独特魅力的产品和服务。例如，品牌可以与时尚、旅游、教育等行业进行合作，将文化艺术元素融入时尚设计、旅游产品、教育课程等，从而创造出更多元化的产品和服务。跨界合作不仅有助于提升品牌的知名度和影响力，还能够为品牌创造更多的商业机会和市场价值。通过跨界合作，品牌可以拓展新的应用领域和市场空间，吸引更多的消费者和合作伙伴。同时，品牌还可以利用跨界合作的机会，进行创新和升级，提升品牌的竞争力和市场地位。

综上所述，文化艺术品牌推广营销的优势主要体现在创意与独特性、文化与历史价值、情感共鸣与精神满足以及跨界合作与商业机会等方面。这些优势为品牌的长期发展提供了有力支撑和广阔空间。品牌应充分利用这些优势资源，加强品牌建设和营销推广活动，不断提升品牌的知名度和影响力，实现品牌的可持续发展。

二、劣势

（一）难以量化与标准化：价值评估的挑战

文化艺术品牌的核心在于其独特的创意和文化内涵，然而，这种独特性也带来了难以量化与标准化的挑战。与标准化的商品不同，文化艺术作品的价值往往难以用具体的数字来衡量。这导致在市场定价时存在较大的主观性和不确定性，给品牌的推广和营销带来了困难。具体而言，文化艺术作品的价值评估依赖于消费者的审美偏好、文化背景和市场需求等多种因素。这些因素在不同地区、不同文化背景下存在差异，使得品牌难以制定统一的价值评估标准和营销策略。此外，由于文化艺术作品的独特性，品牌也难以通过复制和模仿来降低成本和提高效率，这进一步增加了品牌在市场中的竞争压力。

（二）市场竞争激烈：品牌辨识度的挑战

随着文化产业的快速发展，越来越多的企业和个人涉足文化艺术领域，市场竞争日益激烈。在这种背景下，文化艺术品牌面临着品牌辨识度下降的风险。市场上存在大量的同类品牌和产品，消费者在选择时往往难以区分不同品牌之间的差异，导致品牌忠诚度下降和市场份额流失。为了提高品牌辨识度，文化艺术品牌需要注重品牌建设和差异化营销。然而，这并非易事。品牌需要在保持独特性的同时，通过创新的营销手段和传播渠道来增强消费者对品牌的认知和认同。此外，品牌还需要密切关注市场动态和消费者需求的变化，及时调整营销策略以保持竞争优势。

（三）缺乏专业人才：营销执行的挑战

文化艺术品牌的推广营销需要专业的策划、管理和营销人才来支持。然而，目前市场上缺乏具备这些专业技能和经验的人才，给品牌的营销执行带来了挑战。缺乏专业人才，品牌往往难以制定有效的营销策略和实施方案，导致营销效果不佳和资源浪费。为了应对这一挑战，文化艺术品牌需要注重人才培养和引进。品牌可以通过与高校、培训机构等合作，培养具备专业技能和经验的营销人才。同时，品牌还可以通过招聘和引进外部人才来补充内部团队的不足。此外，品牌还可以利用新媒体和社交媒体平台等渠道，通过线上培训和交流等方式来提升团队的专业素养和营销能力。

（四）法律法规限制：合规经营的挑战

文化艺术品牌的推广营销还面临着法律法规的限制。不同国家和地区的法律法规对艺术创作、演出和版权保护等方面都有不同的规定和要求。这要求品牌必须严格遵守相关法律法规，确保营销活动的合规性和合法性。然而，由于法律法规的复杂性和差异性，品牌往往难以全面了解和掌握相关法规的要求。这导致品牌在营销活动中可能存在违规行为或法律风险，给品牌的声誉和长期发展带来负面影响。为了应对这一挑战，品牌需要加强与法律机构的合作和沟通，及时了解相关法律法规的变化和要求。同时，品牌还需要建立完善的合规管理体系和内部监督机制，确保营销活动的合规性和合法性。

综上所述，文化艺术品牌推广营销的劣势对品牌的发展产生了不利影响，需要品牌在制定营销策略时予以充分考虑和应对。通过加强品牌建设、差异化营销、人才培养和引进以及合规管理等方面的努力，品牌可以逐步克服这些劣势，提升市场竞争力并实现可持续发展。

三、机会

（一）政策支持：良好的发展环境

随着文化产业的快速发展，各国政府纷纷出台了一系列扶持政策，为文化艺术品牌的推广营销提供了良好的发展环境。这些政策不仅包括资金支持、税收优惠等直接的经济扶持，还包括文化产业园区建设、艺术人才培养、版权保护等间接的支持措施。这些政策的实施，为文化艺术品牌提供了更多的发展机会和市场空间，有助于品牌提升竞争力，扩大市场份额。

（二）市场需求：消费升级与文化需求的增长

随着人们生活水平的提高和消费观念的转变，消费者对文化艺术的需求逐渐增加。这种需求不仅体现在对艺术品本身的购买和收藏上，还体现在对文化艺术体验的追求上。消费者对文化艺术品牌的需求日益多样化，从传统的绘画、雕塑、音乐等艺术形式，到新兴的数字艺术、虚拟现实艺术等新兴领域，都为文化艺术品牌提供了广阔的市场空间。此外，随着消费升级，消费者对文化艺术品牌的品质和服务要求也越来越高，这促使品牌不断提升自身实力，以满足市场需求。

（三）跨界融合：创新与合作的新机遇

跨界融合是文化艺术品牌推广营销的重要趋势之一。通过与不同行业、不同领域的合作，文化艺术品牌能够创造出新的商业模式和营销手段，为品牌的发展注入新的活力。例如，与旅游业的合作，可以将文化艺术品牌融入旅游产品中，提升旅游的文化内涵和吸引力；与时尚业的合作，可以将文化艺术元素融入时尚产品中，打造独特的时尚品牌形象。跨界融合不仅有助于品牌拓展市场，还能提升品牌的知名度和影响力。

（四）技术创新：提升营销效果与用户体验

技术创新为文化艺术品牌的推广营销提供了更多的可能性。随着大数据、人工智能、虚拟现实等技术的不断发展，品牌可以利用这些技术来提升营销效果和用户体验。例如，通过大数据分析，品牌可以更准确地了解消费者需求和市场趋势，制定更加精准的营销策略；通过人工智能技术，品牌可以实现智能化的客户服务，提高服务质量和效率；通过虚拟现实技术，品牌可以创造沉浸式的文化艺术体验，提升用户的参与感和满意度。

（五）文化交流：拓展国际市场与提升品牌形象

文化交流是文化艺术品牌推广营销的又一重要机遇。通过参与国际艺术展览、文化节等活动，品牌可以展示自身的艺术实力和文化特色，提升在国际市场上的知名度和影响力。同时，文化交流也有助于品牌了解不同国家和地区的文化背景和市场需求，为品牌拓展国际市场提供有力支持。此外，通过与国际艺术家的合作和交流，品牌可以吸收借鉴国际先进的艺术理念和创作方法，提升自身的艺术水平和创新能力。

（六）新兴市场：年轻消费群体与线上线下融合

新兴市场为文化艺术品牌的推广营销提供了新的发展机遇。随着经济的发展和城市化进程的加速，新兴市场如东南亚、非洲等地的消费者对文化艺术的需求逐渐增长。这些市场具有巨大的潜力和发展空间。同时，随着年轻消费群体的崛起和线上线下融合的趋势加强，品牌可以通过社交媒体、电商平台等线上渠道来拓展市场，提高品牌的曝光度和互动性。此外，品牌还可以利用线下实体店、艺术展览等活动来增强用户的体验和黏性。

综上所述，文化艺术品牌的推广营销机会为品牌的发展提供了广阔的空间和潜力。然而，机遇与挑战并存，品牌需要充分利用这些机会，同时积极应对挑战，不断提升自身的实力和竞争力，以实现可持续发展。

四、威胁

（一）法律法规限制：合规风险与创意束缚

法律法规是文化艺术品牌推广营销中必须严格遵守的框架。然而，不同国家和地区的法律法规差异，以及对于艺术创作、版权保护等方面的具体规定，可能对品牌的推广策略构成限制。例如，某些地区的法律法规可能对特定类型的艺术表达有所限制，或者对广告内容的审查标准较为严格，这可能导致品牌的创意推广方案难以实施。此外，法律法规的频繁变动也可能给品牌带来合规风险，需要品牌不断适应和调整策略。

（二）市场竞争加剧：同质化竞争与市场份额争夺

随着文化产业的蓬勃发展，越来越多的企业和个人涉足艺术领域，市场竞争日益激烈。这不仅体现在传统艺术市场的竞争上，还体现在新兴艺术形式和数字艺术市场的竞争中。同质化竞争可能导致消费者难以区分不同品牌之间的差异，增加了品牌吸引消费者注意力的难度。同时，为了争夺市场份额，一些竞争者可能采取不正当手段，如虚假宣传、恶意压价等，进一步加剧了市场竞争的激烈程度。

（三）盗版与侵权问题：知识产权受损与品牌信任危机

盗版与侵权问题是文化艺术品牌推广营销中的一大威胁。由于艺术作品的独特性和创造性，它们往往容易成为盗版和侵权的目标。盗版和侵权行为不仅损害了品牌的知识产权，还可能导致消费者对品牌的信任度下降，进而影响品牌的声誉和长期发展。此外，盗版和侵权行为的普遍存在也可能扰乱市场秩序，破坏公平竞争环境。

（四）经济波动与市场变化：经济风险与市场需求不确定性

经济波动和市场变化是文化艺术品牌推广营销中不可忽视的威胁。经济衰退、通货膨胀等宏观经济因素可能导致艺术品市场低迷，消费者购买力下降，进而影响品牌的销售业绩。同时，市场需求的不确定性也给品牌的营销策略制定带来了挑战。例如，消费者对艺术品的偏好可能随着时尚潮流和社会观念的变化而变化，这需要品牌不断调整产品线和营销策略以适应市场需求的变化。

（五）文化冲击与价值观冲突：文化差异与接受度障碍

在全球化的背景下，文化艺术品牌推广营销可能面临文化冲击和价值观冲突的问题。不同国家和地区的文化背景、审美观念和价值观可能存在差异，这可能导致品牌在某些市场上难以被接受或认可。例如，一些具有浓厚地方特色的艺术作品可能难以在国际市场上获得广泛认可；或者某些艺术表达方式可能因不符合某些地区的文化传统或宗教信仰而受到抵制。这些文化差异和价值观冲突可能对品牌的推广效果产生负面影响。

（六）可持续发展压力：环境责任与社会责任挑战

随着环保意识的提高和可持续发展理念的普及，文化艺术品牌推广营销也面临着可持续发展压力。品牌需要在追求经济效益的同时，承担起环境保护责任和社会责任。例如，品牌需要关注艺术品的生产过程是否环保、是否使用了可持续材料；同时，品牌还需要关注其营销活动是否对社会产生了积极影响，是否尊重了当地的文化传统和习俗。这些可持续发展压力要求品牌在推广营销过程中更加注重社会责任和环保意识，以赢得消费者的认可和尊重。

综上所述，文化艺术品牌推广营销在面临诸多机遇的同时，也面临着多方面的威胁。为了应对这些威胁，品牌需要不断加强自身的合规能力、创新能力、品牌建设和可持续发展意识，以在激烈的市场竞争中保持竞争优势并实现长期发展。同时，政府和社会各界也应共同努力，为文化艺术品牌的推广营销创造更加良好的环境和条件。

第五章　文化艺术品牌推广营销问题

第一节　品牌定位模糊，缺乏差异化竞争

在文化艺术品牌的推广营销过程中，品牌定位的清晰度与差异化竞争策略的制定，是品牌能否在市场中脱颖而出、赢得消费者青睐的关键所在。然而，当前许多文化艺术品牌面临着品牌定位模糊、缺乏差异化竞争的问题，这不仅影响了品牌的知名度和美誉度，也制约了品牌的长期发展。本节将从品牌定位的重要性、模糊定位的表现、差异化竞争的缺失及其影响以及解决策略四个方面，深入探讨这一问题。

一、品牌定位的重要性

品牌定位是品牌在市场中的独特身份标志，它决定了品牌在市场中的位置、目标受众以及核心价值。一个清晰、独特的品牌定位能够帮助品牌在消费者心中建立鲜明的形象，提高品牌的识别度和记忆度。同时，品牌定位也是品牌与消费者建立情感联系、形成品牌忠诚度的基石。在文化艺术领域，品牌定位尤为重要，因为艺术作品往往承载着特定的文化价值、审美观念和社会意义，清晰的品牌定位能够更好地传达这些价值，吸引具有相同或相似价值观的消费者。

二、品牌定位模糊的表现

品牌定位模糊的表现多种多样,包括但不限于以下几个方面:一是品牌核心价值不明确,缺乏独特的品牌理念和价值主张;二是目标受众定位不清晰,品牌无法准确识别并满足特定消费者的需求;三是品牌形象不鲜明,缺乏独特的视觉形象和语言风格,难以在市场中形成差异化;四是品牌传播信息不一致,品牌在不同渠道和场合下的传播信息缺乏统一性和连贯性,导致消费者对品牌的认知产生混乱。

三、差异化竞争的缺失及其影响

差异化竞争是品牌在市场中获得竞争优势的重要手段。然而,由于品牌定位模糊,许多文化艺术品牌无法形成独特的差异化竞争优势。这主要表现在以下几个方面:一是产品同质化严重,不同品牌之间的产品缺乏明显的差异,难以吸引消费者的注意力;二是营销策略缺乏创新,品牌采用传统的营销手段,难以在激烈的市场竞争中脱颖而出;三是品牌故事缺乏深度,品牌无法构建引人入胜的品牌故事,无法与消费者建立深层次的情感联系。差异化竞争的缺失不仅削弱了品牌的竞争力,而且也限制了品牌的知名度和美誉度的提升。

四、解决策略

针对品牌定位模糊、缺乏差异化竞争的问题,文化艺术品牌可以采取以下策略进行改进:一是明确品牌核心价值,深入挖掘品牌的文化内涵和独特价值,形成独特的品牌理念和价值主张;二是精准定位目标受众,通过市场调研和消费者分析,明确品牌的目标受众和市场需求,制定针对性的营销策略;三是塑造鲜明的品牌形象,通过独特的视觉形象、语言风格和品牌故事,构建差异化的品牌形象;四是创新营销策略,采用新媒体、社交媒体等新型营销手段,提高品牌的知名度和影响力;五是加强品牌与消费者的互动,通过线上线下活动、社群营销等方式，增强品牌与消费者的互动性和黏性。

五、结论

品牌定位模糊、缺乏差异化竞争是当前文化艺术品牌推广营销中面临的重要问题。为了解决这个问题，品牌需要明确自身的核心价值、精准定位目标受众、塑造鲜明的品牌形象、创新营销策略并加强与消费者的互动。通过这些措施的实施，品牌可以在市场中形成独特的差异化竞争优势，提高品牌的知名度和美誉度，实现长期的可持续发展。同时，政府和社会各界也应加强对文化艺术品牌的支持和引导，为品牌的推广营销创造更加良好的环境和条件。

第二节 传播渠道单一，缺乏多元化推广

在文化艺术品牌的推广营销实践中，传播渠道的选择与运用对于品牌影响力的扩展、受众覆盖面的拓宽以及品牌形象的塑造具有至关重要的作用。然而，当前许多文化艺术品牌面临着传播渠道单一、缺乏多元化推广的问题，这不仅限制了品牌信息的有效传播，还影响了品牌与目标受众之间的深度互动。本节将从传播渠道的重要性、单一渠道的限制、多元化推广的必要性以及实现策略四个方面，对这一问题进行深入探讨，旨在为文化艺术品牌的推广营销提供理论支持和实践指导。

一、传播渠道的重要性

传播渠道是将品牌信息传递给目标受众的桥梁，其多样性和有效性直接关系品牌信息的覆盖范围和受众的接受程度。在文化艺术领域，传播渠道的

选择不仅影响着品牌形象的塑造，还关系作品价值的传递和受众审美体验的提升。一个多元化的传播渠道网络能够确保品牌信息在不同受众群体中的广泛传播，增强品牌的知名度和影响力。

二、单一渠道的限制

当前，许多文化艺术品牌过于依赖单一的传播渠道，如传统的电视广告、报纸杂志等，而忽视了新媒体、社交媒体等新兴渠道的运用。这种单一渠道的限制主要体现在以下几个方面：一是受众覆盖面有限，传统渠道往往难以覆盖年轻、活跃的受众群体；二是信息传播效率低下，单一渠道的信息传播速度较慢，且难以形成持续的传播效应；三是互动性差，传统渠道往往缺乏与受众的直接互动，难以收集受众的反馈和意见，从而影响品牌策略的调整和优化。

三、多元化推广的必要性

多元化推广是指通过多种渠道、多种形式的传播手段，将品牌信息传递给目标受众，以实现品牌影响力的最大化。在文化艺术品牌推广中，多元化推广的必要性主要体现在以下几个方面：一是拓宽受众覆盖面，通过不同的渠道和形式，覆盖更广泛的受众群体；二是提高信息传播效率，利用新媒体和社交媒体的快速传播特性，实现品牌信息的即时传递；三是增强互动性，通过线上线下的互动活动，加强与受众的沟通，提升品牌忠诚度。

四、实现策略

针对传播渠道单一、缺乏多元化推广的问题，文化艺术品牌的推广营销可以采取以下策略进行改进：一是拓展传播渠道，除了传统的电视、报纸等渠道外，还应积极利用新媒体、社交媒体等新兴渠道，形成多元化的传播网络；二是创新传播形式，结合品牌特点和受众需求，采用直播、短视频等多种形式，提高信息的吸引力和传播效果；三是加强互动营销，通过线上线下的互动活动，如线上问答、线下展览等，加强与受众的沟通和互动；四是数据分析与优化，利用大数据和人工智能技术，对传播效果进行实时监测和分析，根据数据反馈调整传播策略，实现精准营销。

五、结论

传播渠道单一、缺乏多元化推广是当前文化艺术品牌推广营销中面临的重要问题。为了提升品牌影响力、拓宽受众覆盖面并增强品牌与受众的互动性，品牌需要积极拓展传播渠道、创新传播形式、加强互动营销以及利用数据分析进行优化。通过这些策略的实施，品牌可以形成多元化的传播网络，提高信息传播效率和受众参与度，从而实现品牌影响力的最大化。同时，政府和社会各界也应加强对文化艺术品牌的支持和引导，为品牌的多元化推广创造更加良好的环境和条件。

第三节　消费互动不足，品牌的黏性缺失

在文化艺术品牌的推广营销领域，消费互动作为连接品牌与消费者之间的情感纽带，对于构建品牌忠诚度、提升品牌价值具有至关重要的作用。然而，当前许多文化艺术品牌面临着消费互动不足、品牌黏性缺失的问题，这既影响了品牌与消费者之间的深度连接，也制约了品牌的长期发展。本节将从消费互动的重要性、消费互动不足的表现、品牌黏性缺失的影响以及增强消费互动与品牌黏性的策略四个方面，对这一问题进行深入探讨，旨在为文化艺术品牌的推广营销提供理论支撑和实践指导。

一、消费互动的重要性

消费互动是指品牌与消费者之间通过信息交流、情感沟通、体验共享等方式建立的互动关系。在文化艺术领域，消费互动不仅能够增强消费者对品牌的认知与理解，还能够激发消费者的情感共鸣，从而构建品牌忠诚度。通过消费互动，品牌可以收集消费者的反馈与需求，为产品创新与服务优化提供依据，进而提升品牌的市场竞争力。

二、消费互动不足的表现

当前，文化艺术品牌在消费互动方面存在的问题主要表现为：一是互动渠道有限，品牌往往依赖于传统的宣传渠道，如电视广告、报纸杂志等，而忽视了社交媒体、线上活动等新兴互动平台；二是互动内容单一，品牌与消费者之间的互动往往停留在产品信息的传递与接收层面，缺乏深度交流与情感共鸣；三是互动频率不足，品牌未能持续、定期地与消费者进行互动，导致消费者与品牌之间的连接逐渐减弱。

三、品牌黏性缺失的影响

品牌黏性是指消费者对品牌产生的持续关注、喜爱与依赖程度。消费互动不足导致的品牌黏性缺失，将对文化艺术品牌产生深远影响。一方面，品牌黏性缺失会降低消费者对品牌的忠诚度，使得消费者在面对其他品牌时更容易产生转移；另一方面，品牌黏性缺失还会影响品牌的市场竞争力，使得品牌在面对市场变化时难以快速调整策略，从而错失发展机遇。

四、增强消费互动与品牌黏性的策略

针对消费互动不足、品牌黏性缺失的问题可以采取以下策略。

（一）拓展互动渠道

品牌应充分利用社交媒体、线上活动、线下体验店等新兴互动平台，拓宽与消费者之间的连接渠道，实现全方位、多维度的互动。

（二）丰富互动内容

品牌应设计具有吸引力的互动内容，如主题展览、艺术讲座、线上互动游戏等，以激发消费者的兴趣与情感共鸣，增强品牌与消费者之间的情感链接。

（三）提高互动频率

品牌应定期与消费者进行互动，如发布新品信息、分享品牌故事、举办线上活动等，以维持消费者对品牌的持续关注与喜爱。

（四）强化用户参与

品牌应鼓励消费者参与产品设计与服务优化过程，通过用户反馈与需求调研，提升产品与服务的个性化与定制化水平，从而增强消费者的品牌归属感与忠诚度。

（五）构建品牌社区

品牌应建立线上或线下的品牌社区，为消费者提供一个交流、分享与学习的平台，通过社区氛围的营造与活动组织，增强消费者对品牌的认同感与归属感。

五、结论

消费互动不足、品牌黏性缺失是当前文化艺术品牌推广营销中面临的重要问题。为了增强品牌与消费者之间的深度连接与情感共鸣，提升消费者品牌忠诚度与品牌市场竞争力，应积极拓展互动渠道、丰富互动内容、提高互动频率、强化用户参与并构建品牌社区。通过这些策略的实施，品牌可以构建更加紧密的消费者关系网络，实现品牌的长期稳定发展。同时，政府与社会各界也应加强对文化艺术品牌的支持与引导，为品牌的推广营销创造更加良好的环境与条件。

第四节　推广预算欠妥，资源配置不合理

一、推广预算的重要性

推广预算是文化艺术品牌进行市场推广与营销活动的经济基础，它不仅决定了营销活动的规模与范围，还影响着营销策略的制定与执行。合理的推广预算能够确保品牌在市场竞争中获得足够的曝光度与关注度，从而吸引潜在消费者，提升品牌知名度与美誉度。同时，推广预算也是品牌进行市场测试、产品优化与品牌升级的重要资金来源。

二、预算欠妥与资源配置不合理的表现

在文化艺术品牌的推广过程中，预算欠妥与资源配置不合理主要表现为以下几个方面：一是预算分配不均，品牌在不同营销渠道与活动上的投入比例失衡，导致部分渠道与活动效果不佳；二是资源浪费，部分营销活动缺乏明确的目标与合理的效果评估机制，导致投入大量资源却未能获得预期的回报；三是忽视长期效益，品牌在推广过程中过于注重短期效果，而忽视了品牌形象的塑造与品牌忠诚度的培养，导致品牌长期发展受限。

三、影响分析

预算欠妥与资源配置不合理对文化艺术品牌的影响是深远的。一方面，

品牌在市场中的竞争力下降，由于营销资源的浪费与效果不佳，品牌难以在众多竞争者中脱颖而出，从而失去市场份额与消费者关注；另一方面，它还可能影响品牌的形象与口碑，由于部分营销活动可能产生负面效果或未能达到预期目标，消费者对品牌的信任度与好感度可能下降，进而损害品牌形象与品牌价值。

四、优化策略

针对预算欠妥与资源配置不合理的问题，文化艺术品牌可以采取以下优化策略。

（1）科学规划预算：品牌应根据市场趋势、竞争对手情况与自身品牌定位，制定科学合理的推广预算，确保在不同营销渠道与活动上的投入比例合理且有效。

（2）精准投放资源：品牌应利用数据分析与市场调研工具，精准识别目标受众与潜在市场，将资源投入到能够产生最大效益的营销渠道与活动中，提高资源利用效率。

（3）建立效果评估机制：品牌应建立完善的营销效果评估体系，定期对营销活动进行效果评估与数据分析，及时调整营销策略与预算分配，确保营销活动的高效与精准。

（4）注重长期效益：品牌在推广过程中应兼顾短期效果与长期效益，注重品牌形象的塑造与品牌忠诚度的培养，通过持续的品牌传播与消费者互动，提升品牌的市场影响力与品牌价值。

（5）加强内部沟通与协作：品牌内部各部门之间应加强沟通与协作，确保营销活动的顺利执行与资源的有效整合，避免内部沟通不畅导致的资源浪费与效率降低。

五、结论

推广预算欠妥与资源配置不合理是文化艺术品牌推广营销中亟待解决的

问题。为了提升品牌的市场竞争力与品牌影响力,品牌应科学规划预算、精准投放资源、建立效果评估机制、注重长期效益并加强内部沟通与协作。通过这些优化策略的实施,品牌可以更加高效地利用营销资源,实现品牌的市场拓展与长期发展。同时,政府与社会各界也应加强对文化艺术品牌的支持与引导,为品牌的推广营销创造更加良好的外部环境与条件。

第六章 文化艺术品牌推广营销典型案例分析

第一节 从文化产业角度探析汉服品牌十三余品牌营销策略

一、品牌基本信息

（一）品牌简介

1. 创立信息

十三余于2016年由传统文化爱好者小豆蔻儿（连雨馨）和路洋共同创立。品牌关联公司杭州达哉文化有限公司成立于2018年6月，注册资本为233万元，后来又有年年有余（浙江）文化科技有限公司与品牌紧密相关。

2. 品牌特色

设计风格：青春唯美原创设计，在当代青春语境下重新解读中国浪漫，并化成唯美的汉服设计作品。其设计并非一味追求古风，而是在传统形制的基础上融入时尚设计元素，增加一些独特的点缀，突出少女感。

工艺水平：创新匠心工艺，以独到匠心打磨出体现东方唯美的舒适面料、饱含生命力的大面积渐变色印花，还有百万针数织就的大纹样精美绣品。

产品丰富：提供全生活情境国风产品选择，围绕汉服这个核心，拓展出基于空间、时间、搭配和生活方式的全情境生活美学产品，包括汉服、鞋靴、箱包、配饰、家居等国风日用消费品，让浪漫可以从头武装到脚。

3. 品牌影响力

销售成绩优异：2019 年，天猫、淘宝实现营收近 3 亿元；2020 年双十一期间，天猫、淘宝销售总额排名第一；2021 年，全年销售额达到 3 亿元，成为汉服界的"顶流"之一。

高知名度与荣誉：品牌获得过多项荣誉，如 2016 年 12 月，获微博"最具电商潜力奖"；2018 年 12 月，获阿里集团天下网商"最佳电商短视频新兴奖"；2020 年 12 月，获"2020 杭州市十大女性创业项目"奖等。

广泛的传播与合作：创始人小豆蔻儿在社交媒体上有大量粉丝，通过高质量的视频内容推广品牌。品牌还积极与影视、游戏、动画等热门 IP 展开跨界合作，如与《逆水寒》《清平乐》《狐妖小红娘》《王者荣耀》等合作，推出联名款汉服，提升了品牌的知名度和影响力。

4. 品牌文化

品牌名称："十三余"来自唐代诗人杜牧的诗句"娉娉袅袅十三余，豆蔻梢头二月初"，寓意少女美好的豆蔻年华，其用户群体也以十几岁的少女为主。

品牌理念："让更多年轻人穿上人生第一套汉服"，注重将中国文化融入日常生活，让传统汉服与现代制作工艺和审美情趣相融合。

（二）命名故事

1. 创始人的热爱与起步

十三余由生于 1993 年、1994 年的传统文化爱好者小豆蔻儿和路洋于 2016 年在杭州创立。小豆蔻儿和路洋对汉服有着深厚的热爱，他们毅然放弃了所学的专业，投身于汉服事业。起初，他们在北京的一家 MCN 机构尝试创业，但由于供应链系统不成熟等原因，创业失败并背负了七位数的违约金。之后他们来到杭州，重新寻找发展机会。

2. 早期的探索与积累

来到杭州后，小豆蔻儿负责自媒体推广，路洋负责商业洽谈和供应链。小豆蔻儿早在创立品牌的前三年就开始在微博和 B 站分享将汉服穿出家门、穿出国门等系列视频，吸引了大量关注，也鼓舞了许多年轻人尝试汉服。2017 年，小豆蔻儿因一个盘发视频，微博粉丝暴涨 20 万，这为品牌的早期发展积累了一定的人气。2018年,十三余参加了"华裳九州"设计大赛,知名度有所提升。

3. 品牌的快速发展

联名合作打造爆款:十三余积极开展联名合作,与众多热门影视、游戏、动画等IP推出联名款汉服,吸引了大量粉丝。比如2018年与网易旗舰级武侠游戏《逆水寒》合作推出联名款汉服,开了汉服设计和游戏IP跨界联名的先河;2020年与电视剧《清平乐》、国产动画《狐妖小红娘》、漫画《魔卡少女樱》等合作推出联名款汉服;2021年与河南广电优秀节目《唐宫夜宴》、游戏《忘川风华录》等合作。

设计创新与工艺提升:品牌注重设计创新,给每一件汉服赋予故事,在保留传统汉服形制的基础上,结合现代风格元素和中国文化,让汉服更贴近现代审美。同时,不断提升工艺水平,以独到匠心打磨出体现东方唯美的舒适面料、饱含生命力的大面积渐变色印花,还有百万针数织就的大纹样精美绣品。以下是十三余赋予服装文化故事的一些案例。

(1)与《中国奇谭》的联名合作

以《鹅鹅鹅》为灵感的设计:十三余以《中国奇谭》之《鹅鹅鹅》中出现的"兔女"角色为灵感创作了"似兔",运用飘逸的真丝面料和中国传统仿妆花织金工艺,古典精致。以"鹅娘"的造型为灵感创作的"幻鹅",则在裙头融入了"鹅"刺绣,水墨配色突出了故事中"鹅"最终飘向天际的飘逸、灵动。

以《小满》为灵感的设计:以《小满》中出现的小满妈妈为灵感创作的"灯花戏鱼",延续了古时女子的温柔婉约,红绿撞色复古雅致。"荷影一梦"风格清丽,轻薄的比甲之上绣了小满家中出现的金色树叶、盆景等物,仿佛将小满的家穿在了身上。

(2)与《忘川风华录》的联名合作

苏轼·任平生:十三余复刻了《忘川风华录》手游中苏轼的经典服饰,将游戏中的人物形象与汉服设计相结合,让消费者能够通过穿着这款汉服,感受到苏轼的文人气质和豁达胸怀,仿佛穿越时空与苏轼一同吟诗作赋。

杜甫·松柏诗意:以杜甫在游戏中的形象为蓝本,设计出具有诗意和文化内涵的汉服。其服装的细节之处可能融入了杜甫诗歌中的意象或元素,使消费者在穿着时能够联想到杜甫的诗歌作品,体会到他对社会、人生的深刻思考。

太平公主·明宫词:参考太平公主在《忘川风华录》中的形象特点,打造出华丽而高贵的汉服。这款汉服可能在色彩、图案和款式上都体现了唐朝宫廷的奢华风格,以及太平公主的身份地位和个性特点,让消费者能够体验到唐朝宫廷文化的魅力。

上官婉儿·玉簪花神:结合上官婉儿的才女形象和玉簪花神的设定,设计出充满仙气和文化底蕴的汉服。服装上的装饰和图案以玉簪花为主题,展现出上官婉儿的优雅气质和才情,同时也传递出玉簪花所象征的高洁、美丽等寓意。

(3)与山东博物馆的合作

十三余与山东博物馆合作推出了"美哉"花鸟纹马面裙,该裙以山东博物馆的经典藏品"白色暗花纱绣花鸟纹裙"为致敬对象,同时以济南稼轩学校学生的课程作品为灵感再创造。选用真丝混纺面料,交错蔓延的暗纹之上,刺绣飞鸟穿梭花丛,山石小桥细节精致,特殊针法和金属丝线的加入,让花卉与鸟更加栩栩如生,使穿着者仿佛能感受到历史文化的传承与延续。

(4)与国乐大师方锦龙的联名系列

国乐大师方锦龙成功复原并改良了失传千年的唐代螺钿紫檀五弦琵琶,十三余推出的方锦龙联名系列汉服中的"琵琶忆"马面裙套装,整体以唐代螺钿紫檀五弦琵琶为设计灵感,色彩与纹样均与琵琶相呼应,马面裙整体铺以木色与红棕色系的晕染,其间伴有五弦琵琶纹样,古韵盎然,腰间配以琵琶挂饰,细节精致,仿佛是沉睡千年的琵琶幻化的精灵,娉娉袅袅,体现了对传统国乐文化的传承与弘扬。

(5)与《王者荣耀》的联名合作

"小乔音你心动"联名款:"音你心动"针织吊带短裙套装结合了主腰与马面元素,以拼接裙摆和腰间刺绣皮革金属链条彰显少女个性。琴键与鱼形音符穿梭刺绣流云团花之中,细节处流露国风美感,将游戏中"小乔音你心动"皮肤的现代元素与传统汉服元素巧妙融合,展现出独特的青春感和时尚感。

"杨玉环寅虎·心曲"联名款:"寅虎·心曲"联名卫衣套装以白紫撞色呈

现现代国风的新颖感，假两件卫衣层次丰富，反面珍珠绒亲肤温暖。胸前印花融入佛山铜凿剪纸风格与虎头琴元素武器，可拆卸飘片腰带凸显个性，搭配绒感磨毛仿马面短裙，酷飒感扑面而来，体现了传统与现代的碰撞与融合。

4. 线下体验店的开设

2019 年，十三余与西湖景区达成战略合作，第一家线下体验实体店落地西湖，为消费者提供了更直观的购物体验。

5. 融资与品牌影响力提升

2019 年，十三余获得知名天使投资人王刚的千万元 pre-A 轮融资；2021 年完成过亿元 A 轮融资，投资方为正心谷资本、哔哩哔哩和泡泡玛特。随着品牌的发展，十三余的销售额不断增长，在 2020 年双十一期间，其在天猫淘宝销售总额排名第一，2021 年销售额达到 3 亿元，成为汉服界的"顶流"之一。

6. 品牌文化的塑造与传承

如前所述，品牌名称"十三余"寓意"少女美好的豆蔻年华"。品牌以十几岁的少女为主要用户群体，致力于让千年前的服饰之美以全新的、年轻的、少女感的形式，回到国风少女的生活中。

十三余一直致力于"让更多年轻人穿上人生第一套汉服"，鼓励更多人尝试传统服饰，将中国文化融入日常生活。品牌不仅从传统形制中获得灵感，更注重服饰的创新与现代审美的结合，让传统汉服与现代制作工艺和审美情趣相融合。

7. 品牌境遇

2024 年 9 月，杭州达哉文化有限公司（小豆蔻儿曾为该公司法定代表人）因在账簿上不列或少列收入，被杭州市税务局罚款 88 万余元。十三余官方随后发表声明称，品牌曾使用杭州达哉文化有限公司为注册主体，2020 年停止使用后移交相关人员代为打理，曾因财务管理电商经验不足，导致收入统计方式选择有误，造成税务"滞后申报"的行政处罚。

（三）品牌 CIS 设计

CIS（Corporate Identity System）即企业识别系统，包括理念识别（MI）、行为识别（BI）和视觉识别（VI）三个要素。

1. 理念识别（MI）

品牌定位：十三余将自己定位为"中国浪漫新汉服"品牌，目标受众主要是喜欢传统文化以及追求美且乐于消费的年轻群体，尤其是十几岁的少女。这一定位精准地抓住了当下年轻人对传统文化的热爱以及对个性化、浪漫风格服饰的追求，使品牌在汉服市场中具有独特的竞争优势。

品牌文化："十三余"，寓意"少女美好的豆蔻年华"，这种文化内涵的挖掘，不仅为品牌赋予了深厚的文化底蕴，还与品牌的目标受众相契合，容易引发年轻消费者的情感共鸣。

品牌理念：十三余一直致力于"让更多年轻人穿上人生第一套汉服"，鼓励更多女孩第一次穿上传统服饰。其在传统形制的基础上，注重服饰的创新与现代审美的结合，将中国文化融入日常生活，推动现代汉服体系的建立和传统文化的传承。

2. 行为识别（BI）

（1）产品设计与生产行为

设计创新：十三余的汉服设计并不一味追求古风，而是在传统形制的外表下融入时尚设计元素，增加一些流光溢彩的点缀，突出少女感。同时，设计师还为产品注入历史典故，让消费者在穿着汉服的同时了解其背后的传统文化。

生产模式：产品大多采用预售模式，有了订单之后才开始生产，基本不存在库存问题。这种生产模式可以降低企业的库存成本和风险，但也可能导致消费者等待时间较长，影响消费体验。

（2）营销行为

联名合作：十三余积极开展跨界联名活动，与影视、动漫、游戏等领域的知名 IP 合作，如《王者荣耀》《清平乐》《魔卡少女樱》等，打造了一系列爆款产品，进一步带动了品牌出圈。

社交媒体营销：创始人小豆蔻儿在微博、B 站、抖音等平台拥有大量粉丝，通过发布高质量的视频内容，如穿搭教学、汉服安利、生活 vlog（视频记录）等，展示品牌产品和文化，吸引了大批消费者。同时，品牌还邀请一批 KOL 关键意见领袖推出种草及测评视频，增加品牌的曝光度。

线下活动：建立了淘宝社群"小豆蔻儿的桃花源"，粉丝人数众多。社群会不定时举办各种线下活动，增加用户黏性。此外，十三余还与上海豫园等合作举办线下限定国风赏等活动，提升品牌的知名度和影响力。

公益行为：十三余积极开展公益事业，如援建甘肃省玉门市黄花学校、捐款支援河南灾区等，这有助于提升品牌的社会形象和美誉度。

3. 视觉识别（VI）

品牌标志：采用大胆的造字逻辑，以全新中文汉字形象体现了先锋创新的品牌态度。整体标志外形采用了"十""三""余"三个单体汉字组成的全新合体字，上下结构，中宫稳重。在笔画末端融合中文衬线体的衬线细节，保留中文的雅致、写意质感，新字形细节无过多冗余装饰，体现开放大气的品牌气质。

产品包装：十三余的产品包装通常采用与汉服风格相统一的设计，色彩鲜艳、图案精美，具有较高的辨识度。同时，包装上还会印有品牌标志、宣传口号等信息，强化品牌的视觉传达。

店铺形象：在线下体验实体店以及线上店铺的设计上，十三余注重营造出浓厚的国风氛围，采用中式装修风格、古典色彩搭配等，让消费者在购物过程中感受到传统文化的魅力。

二、品牌运营与产业发展

（一）PEST分析

1. 政治（political）

（1）政策支持传统文化发展

国家对传统文化的弘扬和传承高度重视，出台了一系列政策鼓励传统文化产业的发展。汉服作为中华民族传统文化的重要组成部分，受益于这种政策导向。这为十三余的发展提供了良好的政策环境，有助于品牌在文化传承方面获得更多的支持和认可。

（2）知识产权保护加强

政府对知识产权的保护力度不断加大，这对于注重设计创新的十三余来说是有利的。品牌可以更好地保护自己的设计成果,防止被其他品牌抄袭和模仿,维护自身的竞争优势。

2. 经济（economic）

（1）消费升级

随着人们生活水平的提高,消费者对服装的需求不仅仅局限于基本的穿着功能,更加注重个性化、品质化和文化内涵。十三余的汉服及国风产品正好满足了消费者在消费升级背景下的需求,具有较大的市场潜力。

（2）汉服市场增长

近年来,汉服市场呈现出快速增长的趋势,市场规模不断扩大。十三余作为汉服行业的知名品牌,能够充分享受市场增长带来的红利,有更多的机会拓展业务,增加市场份额。

（3）电商平台发展

电商平台的蓬勃发展为十三余的销售提供了便利的渠道。通过淘宝、天猫等电商平台可以将产品销售到全国各地,甚至海外市场,降低了销售成本,提高了销售效率。

3. 社会（social）

（1）传统文化复兴

在文化自信的推动下,传统文化复兴成为社会的主流趋势,越来越多的人开始关注和喜爱传统文化。汉服作为传统文化的重要载体,受到了广大消费者的青睐,尤其是年轻一代。十三余的目标客户群体主要是年轻人,他们对汉服的接受度和喜爱度较高,为品牌的发展提供了广阔的市场空间。

（2）社交媒体影响力

社交媒体的普及和发展为十三余的品牌传播提供了有力的支持。品牌创始人小豆蔻儿在微博、抖音等社交媒体平台上拥有大量粉丝,通过发布产品信息、穿搭教程、文化科普等内容,吸引了消费者的关注和购买,提高了品牌的知名度和影响力。

（3）文化活动和节日庆典推动

各种文化活动、节日庆典以及古装影视剧的热播,都为汉服的展示和推广提供了机会。人们在这些场合中穿着汉服,进一步增强了对汉服的认知和喜爱。十三余可以通过参与这些活动，展示自己的产品，提高品牌的曝光度。

4. 技术（technological）

（1）面料和工艺创新

随着科技的不断进步，面料和工艺技术不断创新，为十三余的产品研发提供了更多的可能性。品牌可以采用新型面料和先进的工艺技术，提高产品的质量和舒适度，满足消费者对高品质汉服的需求。

（2）数字化营销

大数据、人工智能等技术在营销领域的应用，使得十三余可以更加精准地了解消费者的需求和行为，制定个性化的营销策略。同时，品牌可以通过线上直播、短视频等形式进行产品推广和销售，提高营销效果。

（3）生产管理信息化

信息化技术在生产管理中的应用，可以提高十三余的生产效率和管理水平。品牌可以通过建立信息化管理系统，实现生产流程的优化、库存管理的精准化，降低生产成本，提高企业的竞争力。

（二）SWOT 分析

1. 优势（strengths）

（1）品牌影响力

作为中国汉服行业的头部品牌之一，十三余具有较高的知名度和品牌影响力。其创始人小豆蔻儿在社交媒体上有大量粉丝，通过个人影响力为品牌带来了广泛的关注和流量。十三余多次获得行业内的奖项，如微博"最具电商潜力奖"、阿里集团天下网商"最佳电商短视频新兴奖"等，品牌声誉良好。

（2）设计创新能力

在设计方面，十三余注重将传统文化与现代时尚元素相结合，推出了许多具有创意和美感的汉服款式。其设计不仅保留了汉服的传统形制和工艺，还融入了流行元素，如大面积渐变色印花、创新的图案设计等，满足了年轻消费者对个性化和时尚的需求。其与众多热门影视、动漫、游戏等 IP 展开合作，推出联名款汉服，吸引了大量粉丝和消费者，如与《王者荣耀》《清平乐》《魔卡少女樱》等的合作，不断创造爆款产品。

（3）产品多元化

十三余旗下产品不仅包括汉服，还涵盖鞋靴、箱包、配饰、家居等国风日用消费品，为消费者提供了全生活情境国风产品选择，能够满足消费者在不同场景下的需求。

（4）线上线下渠道完善

十三余在电商平台上拥有官方旗舰店，销售渠道广泛，能够覆盖全国乃至全球的消费者。同时，品牌在社交媒体平台上的运营也非常活跃，通过发布产品信息、穿搭教程等内容，吸引消费者关注和购买。在线下，十三余开设了体验实体店，为消费者提供了试穿、体验和购买的场所，增强了消费者的购物体验和品牌认同感。

2. 劣势（weaknesses）

（1）产品质量问题

部分消费者反映，十三余的产品存在质量参差不齐的情况，比如面料质感不佳、做工不够精细等。这可能会影响消费者对品牌的信任度和忠诚度。

价格较高：与一些普通汉服品牌相比，十三余的产品价格相对较高。虽然其设计和品牌价值有一定的支撑，但对于一些消费者来说，可能会觉得性价比不高，从而影响购买决策。

（2）版型问题

部分汉服的版型可能不太适合所有消费者的身材，比如一些款式可能更适合身材瘦小的人穿着，对于身材较为丰满或体型特殊的消费者来说，可能会存在穿着不舒适或效果不佳的情况。

3. 机会（opportunities）

（1）文化旅游发展

文化旅游的兴起为汉服提供了更多的展示和应用场景。十三余可以与旅游景区、文化活动等合作，开展汉服体验、文化表演等活动，进一步推广品牌和汉服文化。

（2）国潮消费趋势

国潮消费成为当下的热门趋势，消费者对具有中国文化特色的产品需求不断增加。十三余的国风产品符合国潮消费的需求，有机会拓展产品线，推出更多与国风相关的周边产品或合作项目。

（3）海外市场拓展

中国文化在海外的影响力逐渐扩大，越来越多的海外消费者对汉服和中国传统文化产生了兴趣。十三余可以利用这一机会，拓展海外市场，将汉服文化推向世界。

4. 威胁（threats）

（1）市场竞争加剧

汉服市场的快速发展吸引了众多品牌的进入，市场竞争日益激烈。其他品牌可能会在设计、价格、营销等方面与十三余展开竞争，争夺消费者和市场份额。

（2）知识产权问题

汉服设计中涉及传统文化元素的运用和创新，可能会存在知识产权保护的问题。如果其他品牌或个人抄袭或模仿十三余的设计，可能会影响品牌的独特性和竞争力。

（3）消费者需求变化

消费者的需求和审美观念不断变化，对汉服的设计、质量、价格等方面的要求也在不断提高。如果十三余不能及时跟上消费者的需求变化，可能会导致市场份额的下降。

（4）政策法规风险

汉服作为一种特殊的服装品类，可能会受到相关政策法规的影响，比如服装行业的标准、文化保护政策等。如果政策法规发生变化，可能会对十三余的生产和销售产生一定的影响。

（三）运营模式

1. 品牌定位与文化传播

明确品牌定位：以"让更多年轻人穿上人生第一套汉服"为理念，将目标客户群体主要定位于十几岁的少女，以"少女美好的豆蔻年华"为情感纽带，打造具有青春唯美风格的新汉服品牌，让传统服饰文化以更年轻、更具少女感的形式回归现代生活中。

传播品牌文化：通过创作系列视频如《当汉服遇见世界》，展示穿着汉服环游世界等形式，向全世界传播中国传统服饰文化之美。同时，品牌名称"十三余"本身就蕴含着经典文化内涵，其标志采用全新中文汉字形象，体现先锋创新的品牌态度，进一步强化品牌文化特色。

2. 产品设计与开发

创新设计：注重将传统文化与现代时尚元素相结合，在设计上大胆创新，用色丰富且配色新奇，推出了许多具有创意和美感的汉服款式。除了传统的汉服形制，还融入流行元素，如大面积渐变色印花、独特的图案设计等，满足年轻消费者对个性化和时尚的需求。

多元化产品：旗下产品不仅有汉服，还涵盖鞋靴、箱包、配饰、家居等国风日用消费品，形成了全生活情境国风产品体系，为消费者提供了一站式的国风购物体验，增加了消费者的购买频次和品牌忠诚度。

IP联名合作：积极与众多热门影视、动漫、游戏、博物馆等IP展开合作，推出联名款汉服，借助IP的粉丝效应，吸引了大量不同圈层的消费者，创造了众多爆款产品，进一步提升了品牌知名度和影响力。例如与《王者荣耀》《清平乐》《魔卡少女樱》《迪士尼》等的合作。

3. 销售渠道拓展

线上电商平台：在淘宝、天猫等主流电商平台开设官方旗舰店，借助电商平台的流量优势和便捷性，将产品销售到全国各地乃至海外市场，实现了广泛的市场覆盖。同时，通过精心设计的店铺页面、产品展示和营销活动，提升消费者的购物体验和购买转化率。

线下体验店：开设线下体验实体店，为消费者提供试穿、体验和购买的场所。通过打造具有文化氛围和沉浸式体验的店铺环境，增强消费者对品牌的认同感和黏性。此外，线下店还可以作为品牌推广和文化传播的重要窗口，举办各类汉服文化活动和体验课程。

4. 营销推广策略

社交媒体营销：品牌创始人小豆蔻儿在微博、抖音等社交媒体平台上拥有大量粉丝，可以利用社交媒体的传播力，开展话题讨论、线上活动等，扩大品牌影响力和产品曝光度。

内容创作与传播：制作精美的产品图片、视频等内容，展示汉服的细节、穿着效果和文化内涵，通过各种渠道进行传播。此外，还通过发布品牌故事、设计师访谈等内容，增强消费者对品牌的了解和认同感，提升品牌的文化价值和情感共鸣。

活动营销：举办各种线上线下活动，如新品发布会、汉服文化节、主题活动等，吸引消费者参与，增加品牌的话题性和关注度。同时，通过与消费者的互动和体验，进一步提升品牌的美誉度和忠诚度。

5. 供应链管理

面料与工艺把控：注重面料的选择和研发，以独到匠心打磨出体现东方唯美的舒适面料，并采用先进的工艺技术，如饱含生命力的大面积渐变色印花、百万针数织就的大纹样精美绣品等，提高产品的质量和增加附加值。

生产管理优化：建立完善的生产管理体系，与优质的供应商和生产商建立长期合作关系，确保产品的供应稳定和质量可靠。同时，通过信息化技术的应用，实现生产流程的优化、库存管理的精准化，降低生产成本，提高企业的运营效率。

6. 客户服务与体验

完善售前服务：在线上线下为消费者提供专业的售前咨询服务，解答消费者关于产品款式、尺码、搭配等方面的问题，帮助消费者选择适合自己的产品，增强消费者的购买意愿。

保障售后体验：建立了完善的售后服务体系，及时处理消费者的售后问题，如退换货、质量问题处理等，保障消费者的合法权益，提升消费者的满意度和忠诚度。

（四）产业链条

1. 设计研发

文化挖掘：深入研究传统文化，从历史典故、诗词歌赋、传统节日、神话传说等中汲取灵感，将文化元素融入服装设计中，使每一款汉服都有独特的文化内涵。

款式设计：注重传统汉服形制与现代时尚元素的结合，在保留传统韵味的基础上，进行创新改良，加入流行的色彩、图案、剪裁等，以满足年轻消费者对个性化和时尚的需求，同时也会根据不同的系列主题和合作IP进行针对性设计。

面料研发：积极研发和选用适合汉服的面料，在保证质感和舒适度的同时，注重面料的创新性和独特性，如采用一些具有特殊纹理、光泽或功能的面料，提升汉服的整体品质。

2. 原材料采购

面料采购：浙江等地是纺织大省，旗下有柯桥这样的亚洲最大布匹集散中心，可以从当地及周边地区的优质面料供应商处采购丝绸、棉布、麻料等传统汉服面料，以及一些新型的混纺面料和功能性面料，确保面料的品质和供应稳定性。

辅料采购：除面料外，还需要采购各种辅料，如丝线、拉链、纽扣、蕾丝、珠片等，这些辅料的质量和风格也会影响汉服的最终效果，因此应选择与专业的辅料供应商合作，确保辅料的品质和与面料的搭配度。

3. 生产制造

自有生产加工：十三余在泰安等地建设有自己的服装生产加工车间，能够对部分产品进行自主生产，实现从裁剪、缝制、绣花、印花到整烫等一系列工艺流程的质量把控，保证产品的品质和生产效率。

外包合作生产：除了自有生产车间外，十三余还会与外部的服装加工厂建立长期合作关系，将部分订单外包给这些专业的加工厂进行生产，借助其成熟的生产工艺和设备，以及规模化的生产优势，满足市场需求的同时降低生产成本。

4. 品牌营销

社交媒体营销：通过微博、抖音、B站等社交媒体平台，发布产品信息、穿搭教程、文化科普、新品预告等内容，吸引消费者的关注和互动，建立品牌形象和口碑。创始人小豆蔻儿作为知名的汉服博主，也会通过个人账号进行产品推广，借助其粉丝效应带动品牌传播。

网红合作推广：与其他社交媒体上的网红、博主等合作，邀请他们试穿、测评、推荐十三余的产品，扩大品牌影响力和产品曝光度，吸引更多潜在消费者。

跨界合作营销：积极与影视、动漫、游戏、博物馆等IP进行跨界联名合作，推出具有话题性和吸引力的联名款产品，借助IP的粉丝基础和影响力，快速提升品牌知名度和产品销量，如与《王者荣耀》《清平乐》《魔卡少女樱》等的合作。

线下活动营销：举办或参加各类线下汉服文化活动、时装秀、展会等，如华裳九州设计大赛、西塘汉服文化周等，展示品牌的最新产品和设计理念，增强品牌在汉服爱好者中的影响力和认同感，同时也会在活动现场开展促销活动，促进产品销售。

三、品牌策略分析

（一）内容营销

1. BGC 营销

BGC 营销（Brand Generated Content）是品牌自己创作、制作并发布的内容，用于展示品牌形象、价值观、产品特点等诸多方面。其形式多种多样，例如品牌官方网站的文章、品牌宣传视频、品牌社交媒体账号发布的图文消息等。以苹果公司为例，其官方网站上对于新产品的详细介绍、功能展示视频以及设计理念解读等内容都属于 BGC。这些内容是由苹果公司自己的团队或者委托专业制作团队进行创作，目的是向消费者传达品牌信息。

（1）内容形式

视频类：如 2019 年 4 月创作的现象级作品《当汉服遇见世界》系列视频，创始人小豆蔻儿身穿十三余汉服环游世界，向全球传播中国传统服饰文化之美，全网播放量达 2300 万。通过这种视频内容，生动地展示了汉服在不同地域背景下的独特魅力，以及与现代生活场景融合的可能性。

图文类：在官方微博、微信公众号等平台，十三余会发布新品汉服的设计理念、款式细节、搭配建议等图文内容。以精美的图片和详细的文字说明，让消费者深入了解产品的文化内涵和设计亮点，引导消费者对汉服文化及产品产生兴趣和认同。

音频类：2021年9月发布了五周年纪念歌曲《以梦为裳》，由小豆蔻儿、银临等音乐人创作，并由知名古风音乐人演绎，进一步丰富了品牌的文化传播形式，通过音乐的感染力增强品牌与消费者之间的情感共鸣。

（2）内容特点

文化传承与创新融合：深入挖掘中国传统文化元素，将传统汉服形制与当下的时尚美学、多元穿着情境相结合，创造出既保留传统文化韵味又符合现代审美的新汉服。在BGC中融入历史典故、诗词歌赋等文化元素，使每一款汉服都有独特的文化故事，让消费者在欣赏和购买汉服的同时，也能了解和传承中国传统文化。

强调品牌价值观：始终强调"让更多年轻人穿上人生第一套汉服"的品牌使命，鼓励年轻人尝试和接受汉服文化，体现出品牌对传统文化传承与推广的责任感和担当，使消费者在接触品牌内容时，能够感受到品牌积极向上的价值观。

高品质制作：无论是视频、图文还是音频内容，都注重制作质量。视频画面精美、剪辑流畅，图文排版美观、文案富有感染力，音频制作专业，能够给消费者带来良好的视听体验，提升品牌在消费者心目中的形象和专业性。

（3）作用及影响

塑造品牌形象：通过持续输出高质量、有内涵的BGC，树立了十三余作为中国领先的国风文化品牌的形象，使品牌在消费者心中与传统文化、时尚创新、高品质等关键词紧密相连，区别于其他普通的服装品牌。

引导消费趋势：BGC中对新品的展示和介绍，能够激发消费者的购买欲望，引导消费者关注和购买汉服产品，同时也推动了汉服文化在年轻群体中的流行和发展，引领了汉服消费的新趋势。

增强用户黏性：丰富多样的BGC为消费者提供了更多了解品牌和汉服文化的途径，满足了消费者对文化知识和审美享受的需求，从而增强了消费者对品牌的认同感和忠诚度，促进了用户与品牌之间的长期互动和黏性。

2. PGC营销

PGC营销（Professional Generated Content）即专业生产内容，也可写为Professional Produced Content（PPC）。

(1) 内容形式

专业视频制作：十三余会制作高质量的宣传视频，如2019年的《当汉服遇见世界》系列视频，其拍摄手法专业、画面精美、剪辑流畅，通过创始人小豆蔻儿身穿十三余汉服环游世界的形式，向全球传播中国传统服饰文化之美，全网播放量达2300万，充分展示了汉服的魅力和品牌的文化内涵。

精美图文设计：在官方网站、社交媒体等平台发布的图文内容，无论是新品介绍、穿搭指南还是文化科普，都经过精心的设计和排版。图片具有专业的拍摄和后期处理，文字内容也经过专业的撰写和编辑，能够准确、生动地传达品牌信息和产品特点，提升品牌的形象和专业性。

文化研究与解读：深入开展对中国传统文化的研究，并将研究成果以通俗易懂的方式呈现给消费者。例如，对汉服形制、传统图案、历史典故等方面的解读，让消费者更好地了解汉服背后的文化底蕴，增加对品牌的认同感和对传统文化的兴趣。

(2) 内容特点

专业性与权威性：由专业的团队或人员进行创作。他们在服装设计、文化研究、视频制作、文案撰写等方面具有专业的知识和技能，能够保证内容的质量和准确性。因此，十三余的PGC内容在汉服文化领域具有较高的专业性和权威性，成为消费者了解汉服知识和文化的重要渠道之一。

深度与内涵：注重对内容的深度挖掘，深入探讨汉服文化的内涵、历史渊源、发展演变等，使消费者能够更全面、更深入地了解汉服文化的博大精深，提升消费者对传统文化的认知和尊重。

品牌关联性：紧密围绕十三余的品牌定位和价值观进行创作，将品牌的理念、风格和特色融入PGC内容中。通过这种方式，强化品牌在消费者心目中的印象，使消费者在接触PGC内容的同时，能够自然地联想到十三余品牌，增强品牌的辨识度和影响力。

(3) 作用及影响

提升品牌形象：高质量、专业性强的PGC内容有助于塑造十三余作为专业、权威的国风文化品牌形象，使消费者对品牌产生信任感和好感。在竞争激烈的汉服市场中，良好的品牌形象能够帮助十三余脱颖而出，吸引更多消费者的关注和选择。

引导文化潮流：通过 PGC 内容对汉服文化的深入挖掘和创新呈现，能够引领汉服文化的潮流和发展方向。激发消费者对汉服的兴趣和喜爱，促使更多人关注和参与到汉服文化的传承与推广中来，推动汉服文化在现代社会的流行和发展。

促进产品销售：PGC 内容对产品的专业展示和介绍，能够让消费者更直观地了解产品的特点和优势，从而激发消费者的购买欲望，提高产品的销售量和销售额。同时，品牌文化的传播也能够增加消费者对品牌的忠诚度，促进消费者的重复购买和口碑传播。

培养用户黏性：为消费者提供了有价值、有趣味的内容，满足了消费者对汉服文化知识和审美享受的需求。消费者在关注和欣赏 PGC 内容的过程中，会逐渐与品牌建立起情感链接，增强对品牌的认同感和归属感，从而提高用户的黏性和忠诚度，促进用户与品牌之间的长期互动和合作。

3.UGC 营销

UGC 营销（User Generated Content），是指用户（消费者、受众等）自行创作并在互联网平台上发布的各种内容。

（1）内容形式

社交平台分享：消费者在微博、抖音、小红书、B 站等社交平台上分享自己穿着十三余汉服的照片、视频、穿搭心得等。例如，在小红书上有大量用户发布的"十三余汉服上身图""十三余汉服开箱测评"等笔记，通过图片和文字展示自己对十三余产品的喜爱和穿着体验。

汉服相关创作：一些有创意的消费者会以十三余汉服为基础，进行二次创作，如制作汉服发型教程、古风舞蹈视频、汉服绘画作品等，并在网络上分享，这些创作既丰富了十三余品牌的相关内容，也进一步传播了汉服文化。

参与品牌活动反馈：消费者在参与十三余举办的线下活动、线上互动等之后，会在社交平台上分享自己的活动体验和感受，对品牌活动进行评价和反馈，为其他消费者提供参考，同时也为品牌改进和活动优化提供了依据。

（2）内容特点

真实感与亲近感：UGC 内容来自普通消费者的真实体验和创作，具有较强的真实感和亲近感，更容易让其他消费者产生共鸣和信任。消费者之间的分享和交流，也形成了一种口碑传播效应，对品牌的推广和产品的销售起到了积极的推动作用。

多样性与个性化：不同消费者的创意和表达方式各不相同，使得 UGC 内容呈现出丰富多样的特点，涵盖了各种风格、主题和形式的汉服展示与创作，充分展现了汉服文化在不同消费者身上的个性化诠释，也为品牌注入了更多的活力和创造力。

用户视角与情感表达：UGC 内容更多地从用户的视角出发，表达了消费者对十三余汉服的喜爱、对传统文化的热爱以及穿着汉服所带来的自信和快乐等情感，这种情感的传递能够吸引更多潜在消费者关注和尝试汉服，同时也让品牌与消费者之间建立起了更深层次的情感链接。

（3）作用及影响

扩大品牌影响力：消费者在社交平台上的自发分享和传播，能够将十三余品牌和产品信息传递给更广泛的受众，扩大了品牌的曝光度和影响力，吸引了更多潜在消费者的关注，有助于品牌进一步拓展市场份额。

丰富品牌文化内涵：用户的二次创作和个性化表达，为十三余品牌文化注入了新的元素和活力，丰富了品牌文化的内涵和外延。消费者与品牌之间的互动和共创，也使品牌文化更加贴近消费者的生活和情感，增强了品牌的文化底蕴和吸引力。

市场反馈与产品优化：通过消费者的反馈和评价，品牌能够及时了解市场需求和消费者的意见建议，从而对产品进行优化和改进，推出更符合消费者喜好和需求的汉服产品，提升品牌的市场竞争力。

（二）渠道布局

1. 线上渠道

（1）电商平台

淘宝、天猫旗舰店：作为主要的线上销售渠道，这里汇聚了丰富的产品款式，包括各类原创汉服、国风服饰、鞋靴箱包、家居等国风日用消费品，能够满足不同消费者的需求。

京东旗舰店：借助京东的物流和售后服务优势，进一步拓展销售覆盖范围，为消费者提供更便捷的购物体验。

（2）社交媒体平台

B站：创始人小豆蔻儿作为B站知名的国风UP主，积累了大量粉丝，通过发布汉服相关的视频，如汉服穿搭、文化科普、新品展示等内容，吸引用户关注，激发其购买欲望。

抖音：利用抖音的流量优势，发布短视频，展示汉服的魅力；通过创意的拍摄手法和热门音乐，吸引更多年轻用户群体；通过直播的方式进行带货，实时与观众互动，解答疑问，促进销售转化。

微博：用于发布新品预告、活动通知、文化故事等内容，与粉丝进行互动交流，增强品牌的黏性和用户的参与感，同时通过话题讨论等形式，扩大品牌的影响力。

小红书：众多用户会在小红书上分享十三余汉服的穿搭笔记和购物心得，品牌也会通过官方账号发布产品信息和推广内容，借助小红书的种草属性，引导消费者购买。

（3）内容创作与合作

制作原创视频：如《当汉服遇见世界》系列视频，以高质量的制作和独特的创意，展现汉服在不同场景下的魅力，传递品牌文化和价值观，提升品牌形象。

与IP合作：与《王者荣耀》《清平乐》《江南百景图》《魔卡少女樱》，以及银临等知名游戏、影视、动漫IP及创作人合作，推出联名款产品，借助IP的影响力吸引其粉丝群体关注和购买，实现破圈传播。

文化知识分享：通过公众号、知乎等平台，发布关于汉服文化、传统礼仪等方面的知识文章，提升品牌在文化领域的专业性和权威性，培养消费者对传统文化的兴趣，进而增强对品牌的认同感。

2. 线下渠道

实体体验店：在杭州西湖等多地开设线下体验店，为消费者提供亲身试穿汉服的机会，让消费者能够直观地感受汉服的材质、版型和穿着效果，增强消费者对产品的信任和购买意愿，同时也有助于提升品牌的形象和知名度。

与文化旅游景区合作：与各地文化旅游景区达成战略合作，在景区内举办汉服活动、展览等，如汉服巡游、传统礼仪表演等，不仅为游客带来独特的文化体验，还为品牌提供了展示和推广的平台，吸引更多潜在消费者关注。

参加线下展会：积极参加各类国风文化展会、漫展、服装展等活动，展示最新的产品款式，与消费者进行面对面的交流和互动，收集市场反馈，同时也能与其他品牌、商家进行合作交流，拓展业务渠道。

与泡泡玛特合作：计划与泡泡玛特等潮流文化品牌合作，探索线下国风文化的呈现方式，共同打造具有创意和吸引力的线下体验空间，吸引更多年轻消费者关注和参与。

授权加盟：开放线下实体加盟店，扩大品牌的市场覆盖范围，借助加盟商的资源和渠道，将产品推广到更多地区，同时也为加盟商提供品牌支持、产品供应、运营指导等服务，实现互利共赢。

四、市场调研与结果分析

（一）AISAS 分析

AISAS 模型是由电通公司提出的消费者行为分析模型，包括 attention（注意）、interest（兴趣）、search（搜索）、action（行动）、share（分享）五个阶段。

1. 注意（attention）

社交媒体吸睛内容：十三余在微博、抖音、B 站等社交媒体平台上发布了大量吸引人的内容。例如，通过精美的汉服展示视频、富有创意的汉服穿搭图片以及有趣的文化科普短视频来吸引用户的注意力。品牌创始人小豆蔻儿本身就是汉服领域的知名博主，其个人账号的内容发布也为品牌吸引了众多目光。

跨界联名合作：与热门影视、动漫、游戏等 IP 进行跨界联名是十三余吸引注意的重要策略。例如，和《王者荣耀》《清平乐》《魔卡少女樱》等合作推出联名款汉服，这些联名产品借助 IP 本身的热度和粉丝基础，能够迅速引发关注。

创意广告投放：在电商平台以及社交媒体平台投放富有创意的广告，这些广告往往采用精美的汉服模特展示、古风场景营造等方式，使消费者在浏览过程中注意到十三余的品牌和产品。

2. 兴趣（interest）

文化故事与设计理念分享：在吸引消费者注意后，十三余通过深入分享汉服背后的文化故事、设计理念来激发消费者的兴趣。在产品介绍中，详细阐述每一款汉服所蕴含的历史典故、传统图案寓意等，让消费者感受到汉服不仅仅是一件服装，更是文化的载体。

多样化产品展示：展示多样化的产品系列，包括不同朝代风格的汉服、各种场合适用的汉服（如日常、婚礼、节日等）以及配套的配饰、鞋靴、箱包等国风产品。这种丰富的产品线展示能够满足不同消费者的需求和喜好，从而进一步激发他们对品牌产品的兴趣。

用户互动活动：通过举办线上线下的互动活动来提升消费者的兴趣。例如，线上的汉服设计大赛、穿搭比赛，线下的汉服体验活动等，让消费者参与其中，加深对品牌和汉服文化的了解，从而产生更浓厚的兴趣。

3. 搜索（search）

优化电商平台搜索功能：在淘宝、天猫等主要电商平台上，十三余注重店铺和产品页面的搜索引擎优化（SEO）。确保产品标题、关键词、描述等信息准确清晰，方便消费者在搜索汉服相关关键词时能够轻松找到十三余的产品。

建立品牌官方网站与内容平台：品牌官方网站提供详细的产品信息、品牌故事、文化知识等内容。消费者在对品牌产生兴趣后，可以通过搜索引擎访问官方网站，进一步深入了解品牌和产品，为购买决策提供更多参考。同时，官方网站也作为品牌内容的集中展示平台，与社交媒体平台相互呼应，引导消费者进行搜索和了解。

利用社交媒体引导搜索：在社交媒体平台的内容中，巧妙地嵌入产品购买链接和品牌关键词，引导消费者在产生兴趣后进行搜索。例如，在微博、抖音等平台的产品介绍文案或视频描述中添加淘宝店铺链接，方便消费者直接点击进入店铺进行产品搜索和浏览。

4. 行动（action）

优化购物体验：十三余在电商平台上提供便捷的购物流程，包括清晰的产品分类、详细的尺码表、多角度的产品图片展示、用户评价参考等,帮助消费者快速做出购买决策。同时,通过提供多种支付方式、快速的物流配送服务等,提升消费者的购物体验,促使他们完成购买行动。

限时促销与优惠活动:定期开展限时促销活动,如新品折扣、满减优惠、节日特价等,刺激消费者的购买欲望。这些优惠活动通过在社交媒体平台和电商平台提前预告、推送消息等方式,吸引消费者关注,并在活动期间促使他们采取购买行动。

个性化推荐与定制服务:利用大数据分析消费者的购买行为和偏好,为消费者提供个性化的产品推荐。此外,部分产品还提供定制服务,如汉服的尺寸、图案、颜色等定制选项,满足消费者的个性化需求,鼓励他们下单购买。

5. 分享(share)

鼓励用户分享内容:十三余通过多种方式鼓励消费者分享购买体验和产品内容。例如,在产品包装中放置小卡片,引导消费者在社交媒体上分享试穿照片,并设置相关话题标签,方便消费者参与话题讨论和分享。同时,对于用户分享的内容进行点赞、评论、转发等互动,增强消费者的分享积极性。

打造分享激励机制:建立分享激励机制,如用户分享内容后可以获得品牌积分、优惠券、小礼品等奖励。这些奖励措施可以激励消费者更积极地分享,扩大品牌的传播范围。

利用用户分享扩大品牌影响力:消费者分享的内容在社交媒体平台上形成口碑传播,能够吸引更多潜在消费者关注十三余品牌。品牌官方也会对用户分享的优质内容进行收集整理,用于品牌宣传和推广,进一步扩大品牌的影响力和传播范围。

(二)问卷调查

1. 调查情况

《关于豆蔻十三余汉服的调查问卷(ID:290590027)》该问卷使用微信小程序问卷星进行制作,通过二维码的方式进行线上发放、填写与收集,共195份,有效问卷150份。总体分为身份信息、了解渠道、购物动机、接受价位、活动关注度、影响购买因素、购买体验七个框架。

2. 问卷详情

第1题：您的性别？

A. 男

B. 女

（本题有效填写人次193人，A选项90人、B选项103人，各选项所占比例分别为46.63%、53.37%）

第2题：您的年龄？

A. 18岁以下

B. 18~22岁

C. 23~28岁

D. 28~35岁

E. 35岁以上

（本题有效填写人次193人，A选项12人、B选项44人、C选项59人、D选项50人、E选项28人，各选项所占比例分别为6.22%、22.80%、30.57%、25.91%、14.51%）

第3题：您目前的月生活费是多少？（每区间包括上限不包括下限）

A. 1000元以下

B. 1000~2000元

C. 2000~3000元

D. 3000~5000元

E. 5000元以上

（本题有效填写人次193人，A选项24人、B选项16人、C选项23人、D选项82人、E选项48人，各选项所占比例分别为12.44%、8.29%、11.92%、42.49%、24.87%）

第4题：您了解汉服吗？

A. 非常了解

B. 比较了解

C. 一般了解

D. 不太了解

E. 完全不了解

（本题有效填写人次 193 人，A 选项 54 人、B 选项 57 人、C 选项 47 人、D 选项 25 人、E 选项 10 人，各选项所占比例分别为 27.98%、29.53%、24.35%、12.95%、5.18%）

第 5 题：您是从哪些途径获取汉服的信息的？（多选题）

A. 自媒体宣传

B. 古装电视剧

C. 新闻报道

D. 同学朋友

E. 书籍杂志

F. 其他

（本题有效填写人次 183 人，A 选项 140 人、B 选项 108 人、C 选项 100 人、D 选项 96 人、E 选项 83 人、F 选项 29 人，各选项所占比例分别为 75.96%、59.02%、54.64%、52.46%、45.36%、15.85%）

第 6 题：您最喜欢或听说过以下哪些汉服品牌？（多选题）

A. 豆蔻十三余

B. 明华堂

C. 陔镁裴桎夏

D. 花神记

E. 汉尚华莲

F. 织造司

G. 燕云织造局

（本题有效填写人次 183 人，A 选项 104 人、B 选项 87 人、C 选项 93 人、D 选项 70 人、E 选项 59 人、F 选项 66 人、G 选项 56 人，各选项所占比例分

别为 56.83%、47.54%、50.82%、38.25%、32.24%、36.07%、30.60%）

第 7 题：您是否购买过汉服？

A. 是

B. 否

（本题有效填写人次 184 人，A 选项 122 人、B 选项 62 人，各选项所占比例分别为 66.30%、33.70%）

第 8 题：您为什么购买汉服？（多选题）

A. 服饰精美，衣袂翩跹

B. 传承中华优秀传统文化

C. 小红书、抖音等的宣传，也想尝试

D. 出去游玩，为了和朋友拍照

E. 汉服游行或演出需要

F. 制作工艺精良，想要收藏

（本题有效填写人次 122 人，A 选项 74 人、B 选项 13 人、C 选项 58 人、D 选项 6 人、E 选项 48 人、F 选项 55 人，各选项所占比例分别为 60.66%、10.66%、47.54%、4.92%、39.34%、45.08%）

第 9 题：如果让您选择一款在十三余汉服，您愿意承受的价位区间是多少？

A. 200 元以下

B. 200~500 元

C. 500~1000 元

D. 1000~3000 元

E. 3000 元以上

（本题有效填写人次 121 人，A 选项 30 人、B 选项 42 人、C 选项 27 人、D 选项 15 人、E 选项 7 人，各选项所占比例分别为 24.79%、34.71%、22.31%、12.40%、5.79%）

第10题：您有穿着汉服的习惯吗？

A. 可以试一下，但是不会穿出门

B. 想偶尔穿出门

C. 想作为日常服饰天天穿

D. 不会

（本题有效填写人次112人，A选项35人、B选项60人、C选项7人、D选项10人，各选项所占比例分别为31.25%、53.57%、6.25%、8.93%）

第11题：您较为喜欢十三余品牌的哪项联名活动？（多选题）

A. 游乐园联名（如迪士尼）

B. 游戏联名（如《王者荣耀》《忘川风华录》）

C. 爆款剧联名（如《长月烬明》《梦华录》）

D. 文化名人联名（如方锦龙）

E. 博物馆联名（如西安博物馆、中国昆曲博物馆、南京博物馆）

F. 其他（如航天文创）

（本题有效填写人次122人，A选项73人、B选项80人、C选项74人、D选项64人、E选项56人、F选项1人，各选项所占比例分别为59.84%、65.57%、60.66%、52.46%、45.90%、0.82%）

第12题：在十三余的相关衍生品中，您较倾心于哪些？（多选题）

A. 包包

B. 童装

C. 婚服

D. 新中式服饰（连衣裙、卫衣、裙子等）

E. 睡衣

F. 披风（及其他配饰等）

G. 羽绒服

（本题有效填写人次122人，A选项91人、B选项75人、C选项69人、D选项4人、E选项66人、F选项61人、G选项55人，各选项所占比例分

别为 74.59%、61.48%、56.56%、3.28%、54.10%、50%、45.08%）

第 13 题：您愿意了解或参加汉展的哪些相关活动？

A. 花朝节（农历二月二）

B. 中国华服日（农历三月初三）

C. 西塘文化节

D. 国风大典

E. 汉服出行日（11 月 22 日）

F. 地方政府举办的国潮文化节

（本题有效填写人次 174 人，A 选项 17 人、B 选项 27 人、C 选项 33 人、D 选项 28 人、E 选项 9 人、F 选项 8 人，各选项所占比例分别为 13.93%、22.13%、27.05%、22.95%、7.38%、6.56%）

第 14 题：您为什么不购买汉服？（多选题）

A. 不感兴趣，觉得没有意义

B. 不利于日常活动，有些累赘

C. 害怕穿上后别人异样的目光

D. 景区拍照可以租，不必购买

E. 想买但价钱过高

F. 并不太了解，不敢尝试

（本题有效填写人次 122 人，A 选项 181 人、B 选项 137 人、C 选项 117 人、D 选项 4 人、E 选项 121 人、F 选项 6 人，各选项所占比例分别为 104.02%、78.74%、67.24%、2.3%、69.54%、3.45%）

第 15 题：如果条件允许，您愿意在节庆日或出行时尝试十三余汉服吗？

A. 是

B. 否

（本题有效填写人次 183 人，A 选项 140 人、B 选项 43 人，各选项所占比例分别为 76.50%、23.50%）

第 16 题：以下因素对您购买汉服的影响程度。（1~5 分，1 分表示程度最低，5 分表示程度最高）（由于该项目数据过大，因此不放置全部内容）

该矩阵题平均分：3.75

第 17 题：您对购买汉服的重视程度。（1~5 分，1 分表示程度最低，5 分表示程度最高）（由于该项目数据过大，因此不放置全部内容）

该矩阵题平均分：3.71

第 18 题：您对您之前汉服购买体验的满意度。（分值越大感受越正向）（由于该项目数据过大，因此不放置全部内容）

该矩阵题平均分：3.71

第 19 题：您购买汉服的情感体验。（分值越大感受越正向）（由于该项目数据过大，因此不放置全部内容）

该矩阵题平均分：3.69

3. 总结

人们对汉服相关内容在社交媒体上的推荐力和影响力、汉服所承载的文化意义和社会价值等因素较为看重，对购买汉服的整体重视程度较高。在对之前汉服购买体验的满意度方面，各项指标的平均分在 3.65~3.76 分，整体较为满意。购买汉服的情感体验整体较为积极，但在便捷性方面的感受相对较弱。对于十三余汉服产品，人们最不能接受的是做工不好，其次是形制不正确和布料质感差等问题。不购买汉服的原因主要包括对汉服不感兴趣，认为不利于日常活动、担心他人异样目光以及价格过高等。

（三）品牌现状

1. 市场地位与销售业绩

行业领先：十三余是中国汉服行业的领导品牌之一。2019 年，在天猫、淘宝实现营收 3 亿元；2020 年双十一期间，其汉服品牌在天猫、淘宝销售总额排名第一；2021年销售额达到3亿元，成为汉服界的"顶流"之一。

线上增长：2023年6月至9月，品牌的汉服成交额同比增长超9倍，京东服饰夏款汉服中十三余成为最受欢迎品牌之一。

马面裙市场表现：2021年，十三余马面裙市场份额占比较高，达到14%，不过2023年市场格局发生变化，织造司成为主导，但十三余在马面裙市场仍有一定份额，且其品牌的价格多元化，各价格段均有所涉及，集中在200~300元。

2. 产品与设计

产品丰富：以汉服为核心产品，建立了全生活情境国风产品体系，产品涵盖鞋靴、箱包、配饰、家居等国风日用消费品，还推出了敦煌系列、花朝系列、山海经系列、活色生香系列等多种主题的汉服产品。

设计创新：注重青春唯美原创设计，结合当下国人的多元穿搭情境和时尚美学，将传统汉服元素与现代审美情趣相融合，赋予汉服新的活力与魅力。比如与《王者荣耀》《忘川风华录》等热门IP合作推出的联名款汉服，既保留了汉服的传统韵味，又融入了IP的特色元素，深受消费者喜爱。

工艺精湛：有独到匠心打磨出体现东方唯美的舒适面料及饱含生命力的大面积渐变色印花，更有百万针数织就的大纹样精美绣品。

3. 品牌形象与文化传播

形象鲜明：品牌名"十三余"寓意"少女美好的豆蔻年华"，其用户以十几岁的少女为主，品牌标志采用大胆的造字逻辑，以全新中文汉字形象体现先锋创新的品牌态度。

文化深耕：该品牌通过与各种文化机构、IP等合作，不断传播中国传统文化。如与山东博物馆、中国昆曲博物馆等合作推出联名产品，将传统文化元素融入其中；另创作系列视频《当汉服遇见世界》，展示了穿着汉服环游世界的形式，向全世界传播中国传统服饰文化之美。

粉丝基础：创始人小豆蔻儿作为知名国风博主，在B站、抖音、微博等平台累计粉丝超过800万，淘宝、天猫店铺的消费者粉丝达300余万，拥有庞大的粉丝群体和较高的品牌忠诚度，其粉丝的年龄层次也逐渐扩展，影响力不断扩大。

4. 运营与发展

线上运营：该品牌在天猫、淘宝等电商平台拥有官方旗舰店，通过精美的商品图片、视频展示以及直播等方式进行产品销售和推广，同时也积极利用社交媒体平台进行品牌营销，与消费者进行互动和沟通，增强品牌黏性。

线下布局：十三余在西湖景区等地开设了线下体验店，让消费者能够更直观地感受和体验汉服文化和产品。此外，该品牌还与海马体照相馆合作推出新年主题照片，并上线了海马体的门店，进一步拓展了线下渠道。

资本助力：十三余获得了知名天使投资人王刚的千万元 pre-A 轮融资以及正心谷资本、哔哩哔哩和泡泡玛特等的过亿元 A 轮融资，资本的注入为品牌的发展提供了有力支持，推动其在产品研发、市场拓展、品牌推广等方面不断进步。

5. 面临的挑战

市场竞争加剧：随着汉服市场的不断发展，越来越多的汉服品牌进入市场，竞争日益激烈。马面裙市场品牌集中度持续下降，头部品牌话语权较弱，消费者对品牌的忠诚度相对较低，更多地依靠款式进行消费决策，这对十三余的产品创新和设计能力提出了更高的要求。

质量与口碑管理：汉服市场的快速扩张也导致了一些质量参差不齐的产品出现，部分消费者对汉服的质量和穿着体验提出了更高的期望。十三余需要在保持设计创新的同时，更加注重对产品质量的把控，以提升品牌的口碑和美誉度。

文化传承与创新的平衡：作为以传统文化为基础的品牌，在传承和弘扬传统文化的过程中，需要不断探索如何更好地与现代社会和消费者需求相结合，在保持传统文化内涵的同时，进行适度的创新和变革，以满足不同消费者对汉服的多样化需求。

（四）总结与建议

十三余作为中国汉服行业的知名品牌，在市场上具有较高的知名度和影响力。然而，品牌也面临着一些挑战，如产品质量问题、价格较高、版型问题、市场竞争加剧、知识产权问题等。为了应对这些挑战，十三余可以采取新兴发展模式和改进建议，如个性化定制服务、拓展产品线、文化体验服务、跨境电商平台等。同时加强对产品质量、价格策略、版型设计、品牌营销、知识产权保护等方面的改进，多做市场的考察，真正了解到现在年轻市场的评价与需求，针对不同人群，对标不同需求，以此提高品牌的竞争力和市场份额，实现可持续发展。

新兴行业的崛起往往面临着巨大的潜力与看不见的磨难，这不但需要企业管理者洞察行业方向，秉持热诚，更需要企业参与者同心协力，挖掘属于自身市场的独特魅力。同时，站在消费者的角度，品牌应该与市场并行，也与产业并行，更应该与新兴文化产业携手共进，以宽容的胸襟与严苛的原则底线推进品牌发展。相信在不断尝试与改进后，十三余会成为真正被大家认知与接受的国民汉服品牌。

第二节　迪士尼文化创意品牌推广营销分析

一、品牌简介

（一）迪士尼基本信息介绍

华特迪士尼公司（DISNEY，以下简称迪士尼）是总部位于美国的大型跨国公司，因创始人华特·迪士尼而得名，它于1923年创立。

迪士尼是一个"品牌乘数型企业"即用迪士尼的品牌乘以各种经营手段以获得最大的利润。目前迪士尼的主要业务有5项：影视娱乐（studio entertainment）、媒体网络（media networks）、主题公园和度假村（parks & resorts）、消费产品（consumer products）以及在2009年开始形成规模的互动媒体（interactive media）。以下介绍几个著名的主题公园和度假村

奥兰多华特迪士尼世界：它于1971年在佛罗里达开业，是世界上最大的迪士尼度假区，故名"迪士尼世界"而非"迪士尼度假区"，是世界第二座、

美国第二座迪士尼乐园。拥有四座主题乐园——神奇王国主题乐园、新纪元主题乐园、迪士尼好莱坞影城和迪士尼动物王国；两座水上乐园——迪士尼台风湖水上乐园和暴风雪海滩水上乐园；三十家主题酒店，一个迪士尼小镇和一座别具风格的 ESPN 体育大世界综合设施。

授权经营巴黎迪士尼乐园度假区：巴黎迪士尼乐园度假区于 1992 年开业，是目前欧洲唯一的迪士尼度假区、世界第四家、海外第二座迪士尼，包括两座迪士尼主题乐园——巴黎迪士尼乐园、华特迪士尼影城乐园和七家主题酒店。

东京迪士尼度假区：它于 1983 年开业，是在美国本土以外的第一座迪士尼度假区、亚洲第一座、世界第三座建成的迪士尼乐园。东京迪士尼度假区有两座主题乐园——东京迪士尼乐园和东京迪士尼海洋世界。同时，东京迪士尼海洋世界也是迪士尼伙伴——达菲的出生地。

中国香港迪士尼乐园度假区：香港迪士尼乐园度假区于 2005 年开业，是世界第五家、亚洲第二家、中国第一家迪士尼，包括一座主题乐园——香港迪士尼乐园和三家主题酒店。

中国上海迪士尼乐园正式开园：上海迪士尼乐园于 2016 年 6 月 16 日开园，位于上海国际旅游度假区内，是中国第二座迪士尼度假区，也是继加州迪士尼乐园度假区、奥兰多华特迪士尼世界、东京迪士尼度假区、巴黎迪士尼乐园度假区和香港迪士尼乐园度假区之后，全球第六个迪士尼度假区。

华特迪士尼公司旗下的电影发行品牌有：华特迪士尼影片（Walt Disney Pictures）、试金石影片（台译正金石影业，Touchstone Pictures）、好莱坞影片（Hollywood Pictures）、米拉麦克斯影片（Miramax Films）、二十世纪电影公司（20th Century Studios，LLC）、皮克斯动画工作室（Pixar Animation Studios）、漫威影业（Marvel Studios，LLC）。另外，迪士尼与吉卜力有发行方面的合作。

（二）迪士尼品牌 CIS 设计

1. 理念识别（MI）

市场定位：迪士尼将自己定位为一家表演公司，致力于为游客提供最高满意度的娱乐和消遣，给游客带来欢乐。

消费群体：迪士尼乐园面向各种年龄段的消费人群，尤其是家庭游客。通过结合建筑物和高科技手段，以及丰富多彩的表演，迪士尼拉近了与消费者的心理距离，培养了客户忠诚度和重复消费。

经营理念：迪士尼的经营理念是营造欢乐氛围，把握游客需求，提高员工素质和完善服务系统。迪士尼的质量管理模式简明而实际，强调将企业价值灌输给工作人员，这种灌输从招聘环节就已经开始，并体现在员工训练和游乐园设计中。

2. 行为识别（BI）

本地化与国际化结合：迪士尼乐园根据不同城市的文化特色进行本地化设计，同时保持迪士尼的国际化特色，这种"本地＋外来"的双向流量编织是迪士尼乐园保持活力的重要原因。

跨界联动：迪士尼凭借其超强影响力，联动多方品牌和网站，开展多渠道声量助推，从线上到线下，从产品焕新到活动营销，迪士尼多方跨界提升品牌声量。

极致体验：无论是动画片中的细节处理，还是线下乐园中工作人员的服务，迪士尼都力求完美。

无年龄差的氛围感打造：迪士尼乐园致力于打造适合所有年龄段的氛围感，让不同年龄层的游客都能享受到迪士尼的魅力。

3. 视觉识别（VI）

品牌识别：迪士尼VI设计的核心在于品牌识别，这包括商标、标志、标识、图形、色彩和字体等基础元素，它们都围绕公司的品牌理念展开。迪士尼的"米老鼠"形象是品牌识别中的一个突出代表，已成为全球知名的迪士尼标志。

色彩运用：色彩在迪士尼VI设计中扮演着至关重要的角色，它使得品牌形象更加直观和生动。迪士尼通常使用明亮、有趣的色彩，如橙色和白色，这些色彩具有积极的特点，适用于各种营销宣传。

视觉语言：迪士尼VI的视觉语言表现在固定格式、插图特点、建筑样式和图案风格上。迪士尼的电影海报有相对固定的格局和排版形式，插图特点鲜明，建筑样式和图案风格在迪士尼主题公园的设计中得到了完美展示。

经典标志：迪士尼VI的经典标志包括以迪士尼城堡为主要元素的标志，

它代表了迪士尼的建筑特色和梦想的象征，成为迪士尼主题公园的代表性标志之一。

（三）迪士尼品牌定位

迪士尼公司的品牌定位可谓独特且深入人心。其核心定位是"为全家庭提供一个快乐、梦幻、温馨的娱乐体验"。迪士尼通过其标志性的卡通形象，如米老鼠、唐老鸭等，与家庭观众建立了情感链接。品牌定位不仅塑造了迪士尼的"童话"形象，还吸引了全球各个年龄段的消费者。

迪士尼公司通过独特的品牌定位、故事化营销、跨媒体传播和个性化推荐等策略，建立了独具特色的品牌形象。同时，通过全球市场扩张、品牌授权和特许经营，以及多元化发展等战略，迪士尼进一步巩固了品牌的地位。这些成功的品牌策略使得迪士尼公司成为全球范围内最受欢迎和信任的娱乐品牌之一。

（四）产品营销手段

全球市场扩张、品牌授权和特许经营、品牌多元化发展——迪士尼重要发展历程中的关键里程碑时刻。

1923年，华特·迪士尼和他的哥哥罗伊·迪士尼在好莱坞创办了迪士尼兄弟工作室，标志着迪士尼公司的正式成立。1928年，迪士尼制作了世界上第一部有声动画片《威利号汽船》，标志着米老鼠的诞生。1937年，迪士尼推出了第一部完整长度的动画电影《白雪公主和七个小矮人》，这是动画电影史上的一个重要里程碑。1950年，迪士尼制作了第一部全真人影片《金银岛》，标志着迪士尼开始进入真人电影制作领域。1955年，美国加利福尼亚阿纳海姆迪士尼乐园建成开放，这是世界上第一个迪士尼主题公园。1984年，迪士尼在从索尔·斯坦伯格（Saul Steinberg）的收购企图中解脱出来后，罢免了现任董事会，取而代之的是迈克尔·艾斯纳（Michael Eisner）、杰弗瑞·卡森伯格（Jeffrey Katzenberg）和弗兰克·威尔斯（Frank Wells），这一事件标志着迪士尼进入了一个新的时代。1996年，迪士尼收购大都会/美国广播公司（Capital Cities/ABC.Inc.）这笔交易为迪士尼带来了更多的媒体资产。2006年，迪士尼对皮克斯动画工作室进行了大规模收购，这加强了迪士尼在动画电影领域的地位。2018年7月27日，迪士尼以713亿美元收购福克斯的电影和电视资产，这是迪士尼历史上最大的一笔收购。

（五）迪士尼动画演变

开创时期：迪士尼的崛起和影响始于20世纪30年代和40年代的技术革新，这一时期动画制作更为成熟。《白雪公主和七个小矮人》（1937）作为史上第一部长篇动画，不仅开启了迪士尼动画电影王国的开端，而且对全球少年儿童乃至成年人有着巨大深远的影响，成为善与恶、美与丑的道德规范的代名词。

黄金时期：1950—1967年，迪士尼动画电影进入了"黄金时期"，在创作数量上显著增长，拍摄了9部动画电影。

再度繁荣：1989年《小美人鱼》的诞生，让迪士尼动画电影重回巅峰。影片成功地将剧情和音乐紧密相连，通过歌舞形式为迪士尼动画添加了新生命。90年代迪士尼出现了更多精良作品，如《狮子王》《美女与野兽》《阿拉丁》等。

（六）关于迪士尼动画的评价

独特风格与角色塑造：迪士尼动画电影角色虽然数不胜数，但是不管主角、配角还是跑龙套的群演，都带有闪光点。性格鲜明位居首位，影片角色的鲜明性格是动画角色最有魅力的地方。

文化与社会影响：迪士尼动画作为一项教育和宣传工具是具有极大影响力的。这种充满娱乐性的对主题和想法的表达更使公众觉得它"平和亲近"。迪士尼动画电影对全球文化价值观塑造的贡献和与文化多样性之间的关系也不容忽视。

（七）迪士尼品牌特色

家庭友好：迪士尼以提供适合所有年龄段的娱乐内容而闻名，强调家庭价值和亲子共享的体验。

创新与技术：迪士尼不断在动画制作和主题公园技术方面进行创新，如3D动画、虚拟现实和增强现实技术的应用。

故事叙述：迪士尼以其引人入胜的故事叙述能力而著称，无论是动画电影还是主题公园的游乐设施，都能提供沉浸式的故事体验。

角色塑造：迪士尼创造了许多标志性的角色，如米老鼠、唐老鸭、白雪公主等，这些角色深受全球观众喜爱。

品牌识别度：迪士尼的品牌标志和形象具有极高的全球识别度，其城堡、迪士尼字体和经典角色形象深入人心。

多元化内容：迪士尼通过收购皮克斯、漫威、卢卡斯影业等公司，扩展了其内容库，涵盖了从儿童动画到超级英雄电影的广泛类型。

全球影响力：迪士尼在全球范围内拥有广泛的影响力，其主题公园、电影和电视节目在全球范围内广受欢迎。

娱乐与教育：迪士尼的内容往往融合娱乐与教育，旨在通过故事传递积极的价值观和生活态度。

高品质标准：迪士尼以其高标准的产品质量和服务质量而闻名，无论是电影制作还是主题公园的运营。

文化融合：迪士尼在全球化的过程中，尊重并融入当地文化，使得其内容能够跨越文化障碍，受到不同地区观众的喜爱。

持续创新：迪士尼不断探索新的商业模式和市场，如流媒体服务Disney+，以适应数字化和互联网时代的变化。

（八）品牌与宣传

1. 迪士尼品牌命名故事

迪士尼的名字"华特迪士尼"直接取自其创始人华特·迪士尼的名字，体现了公司与创始人的紧密联系和个人品牌的重要性。随着时间的推移，迪士尼逐渐发展成为一个全球性的娱乐帝国，但其品牌名称始终保持着对创始人的致敬，这也是迪士尼品牌文化的一部分。

2. 迪士尼品牌 logo

镜头始于浩渺的星空，穿过云层摇向蜿蜒的河流，岸边灯火点点，火车驶过留下一抹轻烟。拍摄主体是一座颇具历史的城堡，它的外形和迪士尼主题乐园的标志性建筑"睡美人城堡"颇为相似，创作灵感来自位于德国的新天鹅堡，它在威严的礼炮声中赫然屹立，将惊叹和赞许尽收眼底，仿佛向世人昭示：创造奇迹，从迪士尼开始。

3. 迪士尼宣传故事

迪士尼投放的地铁广告、海报无论是画面还是文案，都很有感染力。比如迪士尼以"祝你拥有神奇的一天"进行的一次传播活动，它将普通人的照片登上了上海、北京、杭州等多个城市的广告大屏。无论你去没去过迪士尼，看到这组传播，都会为那份纯真的快乐所感染，心中涌现出再次探索迪士尼乐园的冲动。

迪士尼在获得照片使用权后，会赠送门票给这些用户，作为对他们分享美好瞬间的感谢。用户会收到一封来自米奇、米妮或其他角色送出的门票和礼物，惊喜和快乐一直延续到再次入园。

二、运营模式

东京迪士尼乐园采取"许可经营模式"，由迪士尼输出技术和授权，日方投资并管理。华特迪士尼公司将迪士尼的相关知识产权许可交给东方地产公司（OLC），乐园的日常经营由 OLC 负责。加州迪士尼度假区、奥兰多华特迪士尼世界为迪士尼在美国本土采取的独资投资并管理的模式，即公司方全资拥有，2017 年迪士尼完成了对巴黎迪士尼乐园的全资收购后也属于此模式。中国香港迪士尼乐园和上海迪士尼乐园在初始期都采用了"合资模式"。

（一）内容创作与 IP 打造

多元化的内容生产：迪士尼拥有多个知名的影视制作品牌，如华特·迪士尼、皮克斯、漫威、卢卡斯影业等，涵盖了动画电影、真人电影、电视剧等多种形式，通过持续推出高质量、富有创意的影视作品，吸引全球观众。

塑造经典 IP 形象：创造了众多深入人心的经典 IP 形象，如米老鼠、唐老鸭、白雪公主、钢铁侠、蜘蛛侠等，这些 IP 形象具有强大的品牌影响力和商业价值，为后续的衍生开发奠定了基础。

（二）多领域的业务拓展

主题乐园与度假村：在全球多地开设主题乐园和度假村，将影视中的 IP 形象和故事场景在现实中还原，为游客提供沉浸式的体验。通过门票、餐饮、住宿、商品销售等多种方式获取收入，主题乐园的成功也进一步提升了 IP 的影响力和知名度。

媒体网络：拥有强大的媒体网络，包括电视、广播、有线电视、卫星电视等。通过播放自己制作的影视内容，吸引大量观众，从而获得广告收入和订阅费用，同时也为旗下的影视作品和其他业务提供了宣传推广的平台。

消费品与授权：授权生产和销售种类繁多的消费品，包括玩具、服装、文具、食品、家居用品等，覆盖了各个年龄段和消费领域，通过收取授权费用和产品销售分成获得收益，进一步扩大了品牌的市场份额和影响力。

（三）数字化与科技创新

流媒体平台：推出了 Disney+ 等流媒体平台，将丰富的影视内容通过网络直接推送给用户，满足了用户随时随地的观影需求，拓展了内容的传播渠道和受众群体，同时也为公司带来了新的收入增长点。

科技应用与体验提升：在主题乐园中广泛应用虚拟现实、增强现实、人工智能等先进技术，提升游客的体验和服务质量，如通过智能手环实现快速入园、预订游乐设施、支付等功能，还可以利用大数据分析游客的喜好和行为，为游客提供个性化的推荐和服务。

（四）品牌营销与合作

合作与联动：与其他企业、品牌进行广泛的合作与联动，如与各大电视台合作播放影视作品、与知名品牌推出联名产品、与旅游机构合作推广旅游线路等，实现资源共享、优势互补，共同拓展市场份额。

全方位的宣传推广：采用轰炸式、全球化的宣传模式，通过电视广告、网络营销、社交媒体、线下活动等多种渠道，对影视作品、主题乐园、消费品等进行全方位的宣传推广，提高品牌知名度和影响力。

（五）产业化链条

迪士尼的全产业链条是：IP 打造—制作—发行—线上渠道、线下渠道—衍生品开发、零售—主题公园。

IP 打造：迪士尼通过原创创作团队进行故事的创作和开发，构建各种 IP 内容。迪士尼拥有数量众多的 IP，并且按照完善的打造开发步骤，从顶层设计到运营管理，为整体的后续商业开发奠定良好基础。

制作：迪士尼以 IP 为基础制作动画电影、真人电影、电视节目等，实现商业化。迪士尼旗下拥有华特·迪士尼、试金石影业，以及陆续收购的皮克斯、漫威以及卢卡斯影业等，核心业务是制作及购买动画电影、真人电影。

发行：迪士尼的影视作品通过院线发行、电视播放、网络平台上映等方式进行商业运营，并通过票房、广告、授权等形式获得收益。

线上渠道：迪士尼的媒体网络板块包括迪士尼国际电视集团、迪士尼—ABC 国际电视集团、"迪士尼在线"广播以及 ESPN 迪士尼互动媒体集团，拥有强大的电视运营网络。迪士尼通过有偿转让影片的电视、广播转播权，借助网络视频点播业务所产生的宣传力、影响力，再次带动品牌产品的出售。

线下渠道：迪士尼拥有 6 个大型主题公园/度假区，分布在美国、中国、法国、日本等地，这些主题公园是产品线的集大成者，也是 IP 流转、增值的生态版图的一部分。迪士尼乐园 60% 的收益来自衍生品的消费，如米奇的气球、帽子等，且每一个游戏项目的出口都设置了一家礼品商店。

衍生品开发、零售：迪士尼通过授权合作，将其 IP 授权给其他公司制造和销售与 IP 相关的各种商品，带来额外的收入。目前迪士尼在全球有 3000 多家授权商，销售超过 10 万种与迪士尼卡通形象有关的产品。

主题公园：迪士尼的主题公园业务是其 IP 产业链的重要组成部分，通过开发、再造和并购，拥有最强 IP。迪士尼乐园更像迪士尼这个 IP 产业链的流通，放大了 IP 的价值和强化连接。乐园门票及酒店住宿，乐园内的餐饮服务亦是迪士尼的重要收入来源。

第三节　合柴 1972 文创园区文化艺术品牌推广营销分析

一、品牌简介

合柴 1972，位于合肥，是一座由合肥柴油机厂旧址改造而成的文化创意产业园区。它保留了原有的工业建筑风貌，将历史与现代创意文化完美融合，成为合肥的文化新地标。

（一）历史背景

合肥柴油机厂曾是合肥工业发展的重要组成部分，见证了城市工业的辉煌。随着时代的变迁，工厂逐渐停产，但其留下的厂房、建筑等工业遗迹却成为宝贵的文化资源。

（二）改造理念

在改造过程中，秉持着"保留城市记忆，注入文化活力"的理念，对原有建筑进行保护性开发，将其打造成一个集文化、艺术、创意、商业等多功能于一体的综合性园区。

二、宣传故事

合柴 1972 的宣传故事围绕着"从工业废墟到文化绿洲"展开。曾经，这里机器轰鸣，工人们忙碌地生产着柴油机。随着产业结构的调整，工厂被闲置。然而，合肥并没有让这片土地就此荒芜，而是通过创意的力量，赋予它新的生命。这里的每一块红砖、每一根钢梁都在诉说着过去的故事。现在，当人们走进合柴1972，既能看到合肥工业的发展脉络，又能体验到最前沿的文化艺术活动。例如，老厂房中举办的艺术展览，吸引了众多艺术家和艺术爱好者；创意市集上，年轻的创业者们展示着自己的奇思妙想。合柴1972就像一个时光隧道，连接着过去和未来，让不同年龄、不同背景的人都能在这里找到乐趣和共鸣。

三、运营模式

（一）国企主导

合柴1972由合肥滨湖投资控股集团等国有企业主导运营。这些国有企业凭借其深厚的资源积累、强大的资源整合能力和雄厚的资金支持，在园区的改造与发展过程中发挥了关键作用。

在园区基础建设阶段，国企投入大量资金对合肥柴油机厂旧址进行修缮和改造。从厂房的加固维护，到基础设施的重新规划布局，如水电线路的更新、道路的修整拓宽等，都进行了精心的设计与施工，确保园区能够满足现代文化创意产业的发展需求。同时，利用自身广泛的人脉和资源渠道，积极引入专业的设计团队、建筑公司等，保障改造工程的质量和进度。

在长期发展方面，国企凭借其稳定的经营策略和长远的发展眼光，为合柴1972制定了清晰的战略规划。一方面，积极争取政府在政策、资金等方面的支持，推动园区与各类文化产业项目的合作，提升园区的文化影响力；另一方面，注重人才的引进与培养，为园区的运营管理和文化创意产业的发展提供了坚实的人才保障。

（二）市场化招商

园区采用市场化的招商策略，吸引了各类文化创意企业、商户入驻。

文化创意企业：包括艺术工作室、设计公司、新媒体企业等。这些企业在这里可以享受独特的创意氛围，同时也为园区带来了丰富的文化产品和服务。

商业配套：引入餐饮、娱乐、零售等商业业态，满足游客和园区工作人员的日常消费需求。例如，特色咖啡馆、创意餐厅等，不仅为人们提供了休闲场所，其本身也成为园区的一道风景线。

（三）多元化收入来源

租金收入：向入驻的企业和商户收取租金，这是园区的主要收入来源之一。

活动收入：通过举办各类艺术展览、文化活动、商业演出等，收取门票费用或获得活动赞助。

合作分成：与一些品牌或企业开展合作项目，如联名推广、产品发布等，按照合作协议获得收益分成。

四、产业化链条

（一）上游——文化资源挖掘与整合

深入挖掘合肥柴油机厂的工业文化遗产，组织专业的历史文化研究团队，深入调研合肥柴油机厂的发展历程。通过查阅工厂的档案资料、采访退休老工人等方式，收集关于工厂建筑风格、生产设备的独特之处、生产工艺的发展演变以及背后的历史故事等信息。对工厂内的老厂房、烟囱、机器设备等进行详细的测绘和记录，分析其建筑结构和艺术价值，为后续的保护和再利用提供依据。例如，发现了一台具有特殊历史意义的柴油机生产设备，它见证了工厂某个重要的技术革新阶段，通过对其修复和展示，成为了园区工业文化展示的重要亮点。

整合周边地区的文化资源，与合肥当地的民俗文化研究机构、艺术团体建立合作关系，收集整理合肥的民俗文化，如庐剧、巢湖民歌、合肥剪纸等艺术形式，以及合肥地区的传统节日习俗、民间传说等。同时，整合周边的艺术资源，包括本地艺术家的作品、艺术工作室等信息，将这些文化资源与合肥柴油机厂的工业文化遗产相结合，形成丰富的文化素材库，为中游的文化创意产品与服务开发提供充足的灵感和素材。

（二）中游——文化创意产品与服务开发

1. 创意空间打造

将老厂房改造成适合不同类型文化创意企业和艺术家的工作室、展览馆、演出场地等。在改造过程中，充分考虑不同功能空间的需求，对于艺术工作室，保留了厂房高大宽敞的空间特点,设置了充足的采光窗户,同时配备了专业的艺术创作设施,如画架、陶艺制作设备等;展览馆则注重空间的开放性和灵活性,采用可移动的展示墙和灯光控制系统,能够根据不同展览的需求进行自由布局和灯光设计;演出场地在声学设计上进行了专业处理,配备了先进的音响设备和舞台机械设施,满足各类音乐演出、戏剧表演等活动的需求。

2. 文化产品开发

文创产品:以合柴 1972 的工业元素和文化特色为主题,设计开发各类文创产品,如纪念品、文具、服饰等。在纪念品方面,推出了以老厂房建筑造型为原型的金属摆件、印有园区标志性图案的徽章等;文具类产品有带有工业元素插画的笔记本、以机器零件为设计灵感的钢笔等;服饰类则开发了印有合柴 1972 字样和工业图案的 T 恤、卫衣、帽子等,这些文创产品不仅具有实用价值,还承载了园区的文化内涵,深受游客喜爱。

文化艺术服务:包括艺术培训、演出策划、创意设计服务等。艺术培训涵盖绘画、书法、音乐、舞蹈等多个领域,邀请专业的艺术教师授课,为不同年龄段和艺术水平的学员提供个性化的培训课程。演出策划团队拥有丰富的经验,能够根据不同的场地和主题,策划并执行各类高质量的演出活动,从节目编排、舞台设计到现场执行,都进行精心的组织和安排。创意设计服务为企业和个人提供品牌形象设计、包装设计、空间设计等全方位的设计解决方案,将合柴 1972 的创意理念融入设计作品中。

商业配套服务:如餐饮、娱乐、休闲服务等,满足园区内人员和游客的消费需求。餐饮方面,除了特色咖啡馆和创意餐厅外,还设置了美食街区,汇聚了合肥当地的各类特色小吃,如庐州烤鸭、三河米饺等,让游客品尝到地道的合肥美食。娱乐设施包括电影院、密室逃脱、剧本杀等,为游客提供多样化的娱乐选择。休闲服务则有茶馆、酒吧、按摩店等,让游客在游玩之余能够放松身心。

(三)下游——文化消费与市场推广

1. 文化消费

吸引游客:通过独特的工业景观、丰富的文化活动和优质的商业服务,吸引本地居民和外地游客前来参观、消费。

会员服务：推出会员制度，为会员提供优惠、专属活动等福利，增加游客的黏性和消费频次。

2. 市场推广

线上推广：利用社交媒体、官方网站、在线旅游平台等进行宣传推广，发布园区活动信息、文创产品介绍等内容，吸引线上流量。

线下推广：与旅行社、文化机构、企业等合作，开展线下推广活动，如旅游推介会、文化交流活动等，扩大合柴1972的知名度和影响力。

五、文化艺术品牌的调研

游客调研：通过问卷调查、访谈等方式，了解游客的年龄、性别、职业、消费习惯、来访目的等信息。调研时发现游客以年轻人为主，他们对文化艺术有着浓厚的兴趣，追求独特的体验。问卷设计的问题如下。（问卷结果见表6-1）

（1）您的年龄？

（2）您的性别？

（3）您来自哪里？

（4）您是通过何种渠道了解到合柴1972的？

（5）您对合柴1972的整体印象如何？

（6）您对合柴1972的工业景观（如老厂房、烟囱等）满意度如何？

（7）您对合柴1972的文化活动（展览、演出等）丰富度评价如何？

（8）您对合柴1972内文创产品的种类和特色评价如何？

（9）您对合柴1972内商业配套（餐饮、娱乐等）的便利性评价如何？

（10）您在合柴1972的游览时长是多久？

（11）您是否会推荐合柴1972给亲朋好友？

（12）您认为合柴1972最需要改进的方面是什么？（可多选）

表 6-1　合柴 1972 调查问卷情况

调查项目	选项	比例
您的年龄	18～25 岁	36%
	26～35 岁	29%
	36～45 岁	18%
	46 岁及以上	17%
您的性别	男	43%
	女	57%
您来自哪里	合肥市内	41%
	安徽省内其他城市	34%
	国内其他省份	18%
	国外	7%
您是通过何种渠道了解到合柴 1972 的	社交媒体	38%
	朋友推荐	25%
	旅游网站	18%
	线下广告	10%
	其他	9%
您对合柴 1972 的整体印象如何	非常好	41%
	较好	44%
	一般	12%
	较差	2%
	非常差	1%
您对合柴 1972 的工业景观（如老厂房、烟囱等）满意度如何	非常满意	36%
	满意	48%
	一般	14%
	不满意	2%
	非常不满意	0
您对合柴 1972 的文化活动（展览、演出等）丰富度评价如何	非常丰富	29%
	比较丰富	43%
	一般	23%
	不太丰富	4%
	很不丰富	1%
您对合柴 1972 内文创产品的种类和特色评价如何	种类丰富且特色鲜明	28%
	种类较多有一定特色	43%
	种类一般特色不突出	25%
	种类少且无特色	4%
您对合柴 1972 内商业配套（餐饮、娱乐等）的便利性评价如何	非常便利	32%
	比较便利	43%
	一般	18%
	不太便利	5%
	很不便利	2%
您在合柴 1972 的游览时长是多久	1～3 小时	47%
	3～6 小时	32%
	6 小时以上	21%

续表

调查项目	选项	比例
您是否会推荐合柴1972给亲朋好友	一定会	32%
	可能会	46%
	不确定	16%
	可能不会	5%
	一定不会	1%
您认为合柴1972最需要改进的方面是什么（可多选）	增加更多互动体验项目	25%
	提升餐饮品质	20%
	优化交通指引	18%
	加大文化活动宣传力度	15%
	丰富文创产品种类	22%

六、文化艺术品牌定位

（一）品牌核心价值

合柴1972的品牌核心价值是"工业记忆与现代创意的交融"，强调在保留工业历史文化的基础上，不断注入新的创意元素，使其成为一个充满活力和创新的文化空间。

（二）目标受众

核心受众：年轻的文化艺术爱好者，包括学生、创意工作者、艺术家等。他们追求个性、注重体验，对文化创意产业有着浓厚的兴趣。

扩展受众：本地居民、外地游客、家庭群体等。通过举办多样化的活动和提供丰富的消费选择，吸引不同类型的人群。

（三）品牌形象

视觉形象：以工业风为基础，保留红砖、钢梁、大烟囱等标志性元素，同时融入现代艺术设计，打造出既有历史感又具时尚感的视觉形象。

品牌口号："合柴1972，穿越时光的创意乐园"，传达出园区的历史底蕴和创意氛围。

七、文化艺术品牌的命名故事

"合柴1972"这个名字直接体现了园区的历史渊源。"合柴"代表合肥柴油机厂,是园区的前身;"1972"则是合肥柴油机厂建厂的年份,这一命名简单明了地向人们展示了园区的工业基因,同时也带有一种怀旧的情怀,让人对其背后的故事产生好奇。

八、文化艺术品牌 CIS 设计

(一)理念识别(MI)

理念:"传承工业文化,激发创意活力",致力于将工业文化遗产保护与文化创意产业发展相结合,打造一个具有合肥特色的文化创意平台。

使命:为文化创意企业和艺术家提供优质的创作空间和发展平台,为市民和游客提供丰富的文化体验,推动合肥文化产业的繁荣发展。

(二)行为识别(BI)

员工行为规范:对园区工作人员进行专业培训,要求他们以热情、专业的态度服务游客和入驻企业,体现合柴1972的文化内涵和服务品质。

活动策划:定期举办各类文化艺术活动,如艺术展览、创意市集、音乐演出等,通过这些活动传递合柴1972的品牌理念,吸引更多的人参与和关注。

(三)视觉识别(VI)

标志设计:以合肥柴油机厂的标志性建筑或设备为原型,进行艺术化处理,形成具有辨识度的品牌标志。标志色彩以工业风的冷色调为主,搭配部分暖色调,体现历史与现代的融合。

环境设计:在园区的公共区域、建筑外观、指示标识等方面,统一运用品牌标志和相关设计元素,营造出整体统一的视觉氛围。例如,在园区入口处设置大型的品牌标志雕塑,在道路指示牌上融入品牌色彩和风格。

宣传物料设计:包括海报、宣传单页、宣传册、网站界面等,都采用统一的视觉设计风格，突出合柴 1972 的品牌形象。

第四节　吉伊卡哇文创品牌产业推广营销分析

一、品牌基本信息

（一）品牌简介

吉伊卡哇（ちいかわ,Chiikawa）是由日本插画家ナガノ创作的角色形象，2020 年开通官方账号正式运营，其以温柔胆小的吉伊、乐观开朗会说人话的哈奇（小八）、自由奔放的兔子乌萨奇等萌物形象组成主角团，以独特的世界观和治愈的画风吸引了众多粉丝，官方账号已有 200 万粉丝。

发展历程：2020 年在社交平台 X（前身为 Twitter）上发表的八宫格条漫开始正式连载，之后推出了各类周边商品，2022 年动画播出，人气进一步提升，发展成一个有故事、有漫画、有动画、有周边的 IP。

角色形象：以吉伊、小八和乌萨奇三只小动物为主角，吉伊是一只胆小但温柔善良的小仓鼠；小八是能完整使用人类语言的猫咪，生活困顿却阳光积极；乌萨奇是性格奔放、总是疯狂怪叫的兔子。

作品风格：画风简单可爱，圆滚滚毛茸茸的形象极具亲和力，以日常生活为背景展开故事，充满温馨感，但作品中也隐藏着一些暗黑元素，如怪物威胁、贫困生活等，形成了可爱与现实黑暗的反差。

商业成绩：出道仅短短三年，就吸引了数百万的粉丝，在 2022 年拿到了"2021 年日本角色大赏"最高奖，2023 年获得"2022 年日本角色大赏"中的产品授权奖和零售奖，并在 2024 年再次夺得日本动漫角色大奖。

（二）命名故事

《吉伊卡哇》来源于日本知名漫画家ナガノ的漫画作品，其日文名为ちいかわ，意思是"小可爱"，副标题是なんか小さくてかわいいやつ，即"这又小又可爱的家伙"。

（三）品牌 CIS 设计

1. 理念识别（MI）

核心价值观：传递可爱、治愈与乐观的生活态度，让受众在欣赏作品及使用周边产品时，感受到温暖与快乐，获得心灵慰藉。

品牌定位：面向全年龄段受众，以萌趣可爱的角色形象与轻松有趣的故事内容，打造具有广泛影响力的动漫品牌，在竞争激烈的动漫市场中占据独特地位。

文化内涵：作品中虽有怪物、腐败杂草等阴暗元素，但主角团的乐观勇敢与之形成反差，展现出积极向上的生活态度，引发受众共鸣，赋予品牌深刻文化内涵。

2. 行为识别（BI）

品牌传播：通过网络漫画、动画等形式，在社交媒体平台广泛传播，利用角色表情包与二创内容扩大影响力，并与游戏、服饰、美妆、餐饮等多领域品牌合作，推出联名产品，提升品牌知名度与市场占有率。

粉丝互动：官方通过举办活动、发布周边产品信息等方式，与粉丝积极互动，增强粉丝黏性与忠诚度，如开设主题餐厅，让粉丝在现实中体验品牌魅力。

社会责任：借助品牌影响力，传递正能量，如倡导保护环境、关爱动物等理念，树立良好品牌形象，提升品牌社会价值。

3. 视觉识别（VI）

角色设计：主角团由仓鼠吉伊、八字猫哈奇、兔子乌萨奇等二头身动物组成，形象可爱，色彩鲜明，且角色性格各异，如吉伊胆小但勇敢，哈奇乐观开朗，乌萨奇自由奔放，令人印象深刻。

场景设计：故事场景丰富多样，有森林绿地、拉面店、网吧等，画面色彩柔和，营造出温馨、奇幻的氛围，与角色形象相呼应，构建出独特的世界观。

周边设计：品牌推出的玩偶、手套、日历、餐具、立牌、背包、贴纸等周边产品，设计精美，品质优良，将角色形象与实用功能相结合，满足粉丝收藏与使用需求。

二、品牌运营与产品发展

（一）运营模式

内容创作与更新：原作者坚持以角色为原型进行漫画创作，保持作品的新鲜感和吸引力，为品牌持续注入活力。同时，动画制作精良，动态视觉和音效呈现良好，进一步拓展了 IP 的影响力。

授权合作：与众多品牌和机构进行授权合作，推出各种周边产品，如毛绒玩具、零食、文具、服饰、家居、美妆等，还开展了如与麦当劳、三丽鸥、天空树等的联动活动，借助合作方的渠道和资源扩大品牌的市场覆盖范围.

（二）产业链条

内容生产：以漫画、动画等形式进行内容创作，构建起吉伊卡哇的世界观和故事体系，为整个产业化链条奠定基础。

周边开发：基于核心的角色形象和故事内容，开发种类繁多的周边产品，包括玩具、文具、服饰、家居用品、食品等，满足不同粉丝的消费需求，实现 IP 形象的商品化。

销售渠道：通过线上线下多种销售渠道，将周边产品推向市场。线上有官方旗舰店、电商平台等，线下有主题商店、授权经销商、与其他品牌的合作门店等，形成了较为完整的销售网络。

衍生拓展：进一步拓展到主题餐饮、主题展览、游戏改编等领域，如与影之诗的联动、在天空树的主题活动等，不断丰富品牌的产业形态，提升品牌的商业价值和影响力。

（三）营销手段

1. 联动

品牌通过各种联动扩大其品牌影响力。例如，在食品上与可口可乐、DQ 联动，与麦当劳联动，和日本便利店 711 联动推出圣诞节抽赏，售卖十分火爆。在游戏上，与元梦之星联动，《元梦之星》宣布与吉伊卡哇重磅联动，玩家将能在游戏中获取吉伊卡哇的主题时装。在日本与阪急列车、棒球、J 联赛等联动。

2. 快闪店

吉伊卡哇快闪店是指以知名日本漫画IP"吉伊卡哇"为主题开设的一种短期、临时性的商业店铺。其通常会在商场等人流量较大的场所限时营业，如成都滨江天街的快闪店于2024年7月26日至8月31日营业。店内商品包括毛绒类、挂件类、文具类、家居日用品类、饰物类以及服饰类产品等，还会有一些限量版、首发版商品，如成都快闪店首次发行熊猫挂件和玩偶。吉伊卡哇在以下国家和地区开过快闪店：日本——2024年4月11日至5月26日，在北海道、东北、关东、中部、近畿、中古、四国、九州及冲绳等地区均开设过快闪店，如永旺商场札幌春日店、旭川站前永旺商场、丰川永旺商场等；中国——2024年3月29日至4月21日，上海静安大悦城开设快闪店；同年7月26日至8月31日，成都滨江天街也开设了快闪店；此外，始于2024年12月21日的台北华山1914创意文化园区快闪店将举办至2025年4月6日；美国——2024年11月23日至12月8日，在新泽西州的美国梦购物中心举办过快闪店。

3. 线下商店

吉伊卡哇品牌在东京有不同主题专卖店，如池袋餐厅系类限定专卖店，通过开设线下门店，吉伊卡哇能够更直接地展示其独特的品牌魅力和文化，吸引更多粉丝和消费者的关注。这种实体店的存在，不仅增强了品牌的实体感，也为粉丝提供了一个聚集和交流的场所，进一步提升了吉伊卡哇在消费者心中的知名度和喜爱度。线下门店不仅提供美食，还销售与吉伊卡哇相关的萌周边。这种一站式的购物体验，极大地促进了周边产品的消费。粉丝们在享受美食的同时，还能购买到心仪的周边产品，满足了他们的购物需求，也为吉伊卡哇带来了可观的商业收益。

4. 线上营销

社交媒体平台推广：吉伊卡哇在社交媒体平台上拥有广泛的粉丝基础，通过发布可爱的漫画内容、动画片段以及角色互动，持续吸引和保持粉丝的关注度。利用社交媒体的分享和传播特性，扩大吉伊卡哇的知名度和影响力。

线上官方旗舰店：阿里鱼与吉伊卡哇合作，打造了中国首家线上官方旗舰店，为粉丝提供了便捷的购物渠道。旗舰店内销售各种吉伊卡哇的周边商品，如毛绒玩具、文具、服饰等，满足粉丝的收藏和购买需求。

线上活动与互动营销：吉伊卡哇会定期举办线上活动，如抽赏、限时优惠等，激发粉丝的参与热情和购买欲望。通过线上活动，如评论、点赞、转发等，增强与粉丝的互动。定期举办线上新品发布会，为产品预热的同时更好地收集观众反映。

三、品牌策略分析

吉伊卡哇是可爱治愈风格的形象，其受众主要集中在喜欢萌系文化、二次元文化，追求轻松、温暖氛围的群体，比如青少年、年轻的上班族等。清楚这一点后，就能更精准地策划内容去迎合他们的喜好。

微博：定期发布吉伊卡哇的新插画、动画截图、周边新品预告等内容，配上可爱且有趣的文案，例如"今天的吉伊卡哇也是元气满满呀，快来和它一起开启奇妙小日常"，发起吉伊卡哇相关话题讨论，如"吉伊卡哇的暖心瞬间"、"吉伊卡哇创意绘画大赛"等，鼓励粉丝参与互动，分享自己与吉伊卡哇的故事或者创作，对优质参与内容进行转发抽奖，奖品可以是吉伊卡哇的玩偶、明信片等周边，提高话题热度和粉丝黏性。邀请一些知名的二次元博主、画手帮忙宣传推广吉伊卡哇，通过他们的影响力吸引更多潜在受众关注。

抖音：制作吉伊卡哇的短视频，内容可以是吉伊卡哇的动画小片段、用吉伊卡哇玩偶演绎的趣味小故事、制作吉伊卡哇主题的手工教程（比如用黏土捏吉伊卡哇）等。配上活泼可爱的背景音乐，在视频文案里引导点赞、评论和分享，比如"这么可爱的吉伊卡哇，快艾特你的好朋友一起来看吧"。开启抖音直播，在直播间展示吉伊卡哇的周边，和观众互动聊天，解答大家关于吉伊卡哇的一些疑问，开展限时优惠购买周边的活动，刺激销量。利用抖音的特效功能，推出吉伊卡哇专属特效，让用户可以拍摄带有吉伊卡哇元素的有趣视频，扩大传播范围。

小红书：发布精美的吉伊卡哇图片笔记，分享吉伊卡哇的壁纸、头像资源，吸引用户保存使用，同时在文案中介绍吉伊卡哇的由来、性格特点等，增加大家对它的了解和喜爱。撰写吉伊卡哇周边的开箱测评笔记，详细展示周边的品质、设计亮点等，给有购买意愿的粉丝提供参考，并且通过推荐合适的周边搭配等方式，引导消费。发起吉伊卡哇主题的打卡活动，例如让粉丝晒出在生活中与吉伊卡哇周边的合照，用特定的话题标签聚合内容，对积极打卡的粉丝给予小礼品奖励，营造良好的社区氛围。

B 站：上传吉伊卡哇的动画番剧、同人动画作品等，注重视频的剪辑和后期制作，添加有趣的字幕、特效，提升观看体验。可以设置一些互动环节，如视频内的投票、弹幕抽奖等，提高观众的参与度。邀请 B 站知名 UP 主（上传者）制作关于吉伊卡哇的杂谈、角色分析等视频，从不同角度解读吉伊卡哇，挖掘其文化内涵，吸引更多深度粉丝关注。

故事创作：编写一系列吉伊卡哇的短故事或连载漫画，内容可以围绕奇幻世界的冒险、和朋友们的温馨日常等展开，让粉丝能更深入地沉浸在吉伊卡哇所营造的可爱世界里，并且通过不同的情节塑造，使吉伊卡哇的形象更加丰满立体，增强粉丝的情感链接。

音频内容：制作吉伊卡哇的有声故事、角色语音包等，发布在喜马拉雅等音频平台上，方便粉丝在睡前、乘车等场景收听，拓展内容传播的时间和空间维度，满足不同用户的使用习惯。

游戏互动：开发一些简单的吉伊卡哇主题小游戏，比如微信小程序里的吉伊卡哇消消乐、吉伊卡哇换装游戏等，用户在玩游戏的过程中既能获得乐趣，又能加深对吉伊卡哇形象的印象，还可以设置游戏内的积分兑换周边奖励等机制，鼓励用户持续参与。

四、线下活动与线上联动

（一）举办线下主题展会

在各大城市举办吉伊卡哇主题的漫展活动，展示巨型的吉伊卡哇玩偶、限量版周边，设置拍照打卡区、互动体验区（如可以和工作人员扮演的吉伊卡哇人偶互动、参与吉伊卡哇主题的手工 DIY 活动等），同时通过线上社交媒体提前宣传、直播展会现场情况，吸引线上粉丝到线下参与，线下参与者又会在线上进行二次传播，形成良好的传播闭环。

（二）线下快闪店

在商场等人流量大的地方开设吉伊卡哇快闪店，限时售卖独家设计的周边产品，通过独特的店面装修、有趣的陈列吸引路人关注，配合线上的优惠活动宣传、打卡分享赢礼品等策略，提升品牌知名度和产品销量。

吉伊卡哇的渠道布局呈现出线上线下多元化、全方位覆盖的特点，主要包括以下几个方面。

官方旗舰店：2024 年 9 月 26 日，吉伊卡哇中国首家线上官方旗舰店正式启动，作为 IP 与用户直接沟通互动的窗口，通过官方商品中日同步发售等形式，提升服务体验，积累用户资产。

视频平台：采取"长线打造一个 IP 核心用户阵地，多渠道分发社交媒体平台及互联网电视平台"的 1+N 发行战略，动画作品在 B 站和抖音等平台播出，其中 B 站官方账号粉丝数已有 115 万，通过发布动画小片段、制作花絮等内容，吸引粉丝关注。

社交媒体平台：微博、小红书等平台上通过发布汉化漫画、周边新品预告等内容，发起话题讨论、打卡活动等，吸引用户参与互动；抖音还通过短视频、直播等形式，展示周边产品、演绎趣味故事等，刺激销量。

游戏平台：开发养成系小游戏，预计 2025 年上线日本。

主题展会：在各大城市举办主题漫展活动，展示巨型玩偶、限量版周边，设置拍照打卡区、互动体验区等，同时与线上宣传、直播联动，形成传播闭环。

快闪店：在商场等人流量大的地方开设快闪店，售卖独家设计的周边产品，以独特的店面装修和陈列吸引路人，配合线上优惠活动宣传、打卡分享赢礼品等，提升知名度和销量。

常设店铺：在日本多地设有常设店铺，如大阪梅田店、原宿店、福冈店等，为当地粉丝提供稳定的购物场所。

五、市场调研与结果分析

（一）问卷调查

本次问卷调查旨在深入了解吉伊卡哇在市场营销方面的现状及消费者对

其产品的认知和反馈。通过收集消费者对品牌知名度、产品印象、购买行为及市场推广活动的看法,希望能够识别出吉伊卡哇在市场中的竞争力、消费者的需求和期望,以及其在产品和服务方面的改进空间。因问卷体例庞大,在此只展示题目与结论。

(1)您是否听说过吉伊卡哇?(单选题)

结论分析:根据数据分析,68.29%的受访者表示听说过吉伊卡哇,而31.71%的受访者则表示未听说过。这表明吉伊卡哇在受访者中具有较高的认知度,但仍有近三分之一的人群对此不熟悉。

(2)您是通过何种渠道了解到吉伊卡哇的?(多选题)

结论分析:通过数据分析可见,绝大多数用户(69.51%)是通过网络平台了解到吉伊卡哇,这表明网络营销渠道在品牌传播中发挥了重要作用。通过他人使用相关表情包的方式也占据了50%的比例,说明用户间的传播同样有效。朋友推荐的比例为29.27%,显示出社交推荐的影响力。线下活动的影响相对较小,仅为19.51%,而"其他"选项则几乎可以忽略,仅占2.44%。

(3)您对吉伊卡哇的产品印象如何?(单选题)

结论分析:从数据中可以看出,用户对吉伊卡哇的产品整体印象较为积极。选择"非常好"的比例为41.46%,是所有选项中最高的,显示出相当一部分受访者对产品的高度认可。同时,选择"好"的比例为31.71%,也表明大多数用户对产品持正面态度。值得注意的是,选择"一般"的比例为26.83%,虽然仍在可接受范围内,但显示出仍有部分用户对产品的满意度不足。

没有用户选择"差"或"非常差",这表明产品在用户中没有明显的负面评价,整体形势较好。然而,仍需关注"一般"这一选项,说明有近三分之一的用户对产品的印象仅为一般,存在改进的空间。

(4)您是否购买过吉伊卡哇的产品?(单选题)

结论分析:从数据中可以看出,购买过吉伊卡哇产品的用户占46.34%,

而未购买的用户占 53.66%。这表明，尽管有一定比例的用户已经购买过该品牌的产品，但仍有超过一半的用户未曾尝试。这能反映出品牌在市场推广或消费者认知方面存在不足。

（5）您购买吉伊卡哇产品的频率？（单选题）

结论分析：从数据中可以看出，54.88% 的受访者表示从未购买过吉伊卡哇产品，这一比例相对较高，表明品牌在市场中的认知度和渗透率有待提升。同时，只有 29.27% 的受访者表示经常购买，说明现有消费者对品牌的忠诚度相对较低。偶尔购买的用户占比 13.41%，而仅购买过一次的用户则占 2.44%。这些数据表明，品牌需要加强与潜在客户的互动和体验，以提高购买频率和客户的忠诚度。

（6）您选择购买吉伊卡哇产品的主要原因是什么？（多选题）

结论分析：在选择购买吉伊卡哇产品的主要原因中，产品设计新颖（43.9%）和品牌知名度高（37.8%）是最主要的因素，显示出消费者对产品外观和品牌形象的高度重视。其次是产品质量好（28.05%）和其他原因（29.27%），而价格合理的因素相对较少，仅占 19.51%。

（7）您认为吉伊卡哇的产品价格如何？（单选题）

结论分析：根据数据分析，吉伊卡哇的产品价格评价呈现出较为明显的分布趋势。47.56% 的受访者认为产品价格过高，而 52.44% 的受访者认为价格合理，显示出大部分消费者对价格的接受度较高。值得注意的是，没有受访者认为产品价格偏低，这可能表明消费者普遍认为价格在合理范围内，但并没有特别的价格优势。

（8）您对吉伊卡哇的单个产品价格接受程度如何（单选题）

结论分析：从数据中可以看出，在会购买产品的人群中，选项"只原价叠邮"是受欢迎程度最高的，获得了 47.56% 的选择比例，显示出大多数消费者对原价的接受程度较高。

（9）您对吉伊卡哇的市场推广活动印象如何？（单选题）

结论分析：从数据中可以看出，吉伊卡哇的市场推广活动在受访者的反馈中呈现出较为均衡的分布。选择"好"和"一般"的比例相对较高，分别为39.02%和40.24%，合计占据了79.26%的受访者，这表明大多数人对推广活动的认可度并不低。然而，选择"非常好"的比例仅为20.73%，显示出推广活动仍有提升空间。同时，没有人选择"差"或"非常差"，这表明推广活动在整体上没有引起负面反馈。

（10）您认为吉伊卡哇在哪些方面需要改进？（多选题）

结论分析：根据数据分析，选项"产品价格"以52.44%的比例成为消费者认为吉伊卡哇需要改进的主要方面。其次是选项"产品质量"和"产品种类"，分别占比47.56%和42.68%。相比之下，用户对"产品销售模式"（30.49%）、"品牌宣传"（26.83%）和其他（8.54%）的关注度较低。

综合来看，消费者对产品价格和质量的敏感度较高，表明在市场竞争中，合理的定价和优质的产品质量是提升品牌竞争力的关键。此外，虽然产品种类的改进也受到一定关注，但相对而言，优先级稍低。

（11）在同类产品中，您认为吉伊卡哇的竞争力如何？（单选题）

结论分析：吉伊卡哇在同类产品中的竞争力整体表现较好。根据数据显示，40.24%的受访者认为其竞争力"较强"，26.83%的人认为其竞争力"很强"，合计达到67.07%的正面评价。相对而言，认为其竞争力"一般"的占30.49%，而"较弱"和"很弱"合计仅占2.44%。这表明大多数受访者对吉伊卡哇的竞争力持积极态度，但仍有约三分之一的人认为其竞争力一般。

（12）您是否会向他人推荐吉伊卡哇的产品？（单选题）

结论分析：根据数据显示，推荐吉伊卡哇产品的意愿呈现出较为明显的分布特征。具体来看，"可能会"选项的比例最高，达到了37.8%，显示出该品牌有一定的潜在支持者；其次是"确定会"选项，比例为21.95%，表明有一部分用户对产品的认可度较高。然而，"不确定"选项的比例也较高，达到

28.05%，这意味着还有相当一部分用户对产品的看法不明确，可能存在犹豫或缺乏对品牌足够的了解。相对而言，"可能不会"和"一定不会"选项的比例较低，分别为 8.54% 和 3.66%，这表明绝大多数用户对产品持中立或正面态度。

（二）总结与建议

价格问题：众多消费者反映产品价格偏高，影响购买意愿，尤其是针对年轻用户群体，部分消费者表示"吃不起"。建议适当降低产品价格，提升性价比，以吸引更多消费者。

产品复刻与库存：消费者希望吉伊卡哇能够适时复刻一些经典产品，并增加库存量，减少抢购的压力。确保热门产品能够常备，并减少黄牛现象的发生。

设计与产品多样性：有反馈指出产品设计逐渐普通，消费者希望能推出更多新颖、可爱的产品。保持设计的新鲜感，满足消费者对可爱与独特的需求。

市场宣传不足：部分消费者提到对品牌的了解较少，建议增加宣传力度。通过多渠道宣传，提升品牌知名度，让更多消费者了解吉伊卡哇的产品。

调研策略：建议进行市场调研，了解目标消费者的价格承受能力，适当调整定价策略，以便吸引更多的潜在客户。

供应链优化：建立更为高效的供应链体系，确保产品能够及时补货，减少消费者抢购的疲劳感。

产品线拓展：鼓励设计团队进行创新，推出多样化的产品系列，特别是结合市场热门元素，吸引年轻消费者。

品牌合作：利用社交媒体和 KOL 进行推广，提升品牌影响力，增强消费者对产品的认知度。考虑与其他品牌或热门 IP 进行联动，增加产品的吸引力。

通过以上措施，吉伊卡哇可以在市场中更具竞争力，满足消费者的需求，从而实现可持续发展。

第五节　红梅文创园品牌营销策略建设全景解析

一、园区概况

（一）园区简介

地理位置：红梅文创园位于我国沈阳的核心区域，毗邻著名的红梅湖，环境优美，交通便利，是集文化、艺术、创意于一体的综合性文创园区。

发展历程：自成立以来，红梅文创园经历了从初期筹备、中期建设到如今的成熟运营三个阶段，逐步形成了以文化艺术为核心，多元化发展的文创产业集聚地。

规划布局：园区规划总面积 6.16 万平方米，分为创意办公区、艺术展览区、文化体验区等多个功能区域，旨在为入驻企业和艺术家提供全方位的文创发展平台。

目标定位：红梅文创园以打造国内一流的文化艺术品牌为目标，旨在成为推动地区文化产业发展的重要引擎，促进文化与经济的深度融合。

（二）宣传故事

品牌故事背景：红梅文创园的品牌故事源于老旧厂房，结合园区的发展历程，形成了一个具有地域特色和文化内涵的品牌故事。

故事核心内容：在 20 世纪 90 年代之前，东北是全国城市人口比例最高的地方，这里更早地拥有了真正的城市文化。工厂不仅构建了东北人的生活，还构建了东北人的文化。有着 80 年历史的原沈阳红梅集团遗弃的旧厂房摇身一变成了文创园，在提升城市文化底蕴同时，也再现了老工业城区的历史风貌。

品牌形象塑造：通过品牌故事，红梅文创园成功塑造了一个富有创意、充满活力的品牌形象，深受广大消费者和投资者的认可。

社会影响评价：红梅文创园的品牌故事在社会上产生了广泛的影响，吸引了大量文创企业和艺术家入驻，同时也为当地的文化旅游业带来了新的发展机遇。

（三）运营模式

运营主体：红梅文创园的运营主体为一家专业的文创企业，拥有丰富的运营经验和资源，为园区的稳定发展提供了有力保障。

运营策略：园区采用多元化运营策略，包括政策扶持、企业合作、活动策划等，旨在为入驻企业和艺术家提供全方位的支持。

运营效益：自运营以来，红梅文创园取得了显著的运营效益，吸引了大量投资，推动了地区文化产业的快速发展。

未来规划：红梅文创园将继续深化运营模式，拓展园区功能，努力打造成为国内外知名的文创产业高地。

二、文化艺术品牌调研

（一）市场分析

行业现状：当前文化艺术行业正逐渐从传统模式转向融合创新，数字化、网络化趋势显著。红梅文创园作为行业的一员，正处于转型和升级的关键时期、机遇与挑战并存的局面。

竞争态势：在市场竞争方面，红梅文创园面对着来自国内外多个知名文化品牌的竞争。这些品牌在市场定位、产品特色营销策略等方面各有千秋，为红梅文创园提供了学习和借鉴的机会。

消费者需求：随着消费升级，消费者对文化艺术产品的需求日益多样化。他们对文创产品的品质、创意和个性化要求越来越高，这对红梅文创园的产品设计和市场定位提出了新的要求。

发展机遇：文化创意产业的快速发展为红梅文创园提供了广阔的发展空间。政策扶持、市场需求、技术进步等因素共同构成了文创产业发展的良好环境，红梅文创园有望借助这些机遇实现跨越式发展。

（二）品牌定位

目标市场：追求文化品位、注重生活品质的中高端消费群体，为其提供具有文化内涵和创意设计的文创产品。

品牌特色：红梅文创园的品牌特色在于融合传统文化与现代创意，打造具有独特地域文化特色和时代感的文创产品，以此吸引消费者的关注和喜爱。

品牌价值：红梅文创园的品牌价值体现在其能够传递文化传承、创新发展的理念，通过高质量的产品和服务，提升消费者的生活品质和文化修养。

品牌差异化：红梅文创园通过深入挖掘地方文化资源，结合现代设计理念，打造具有独特风格和文化内涵的文创产品，实现品牌差异化，提升市场竞争力。

（三）问卷调查分析

沈阳红梅文创园调查问卷结果如下。

问题一：您是否知道沈阳红梅文创园这个品牌？

A. 知道

B. 不知道

（各选项所占比例分别为90%、10%）

问题二：在红梅文创园中，哪一家店铺给您留下了深刻的印象？（多选题）

A. 青梅酒肆

B. 谷雨餐厅

C. 发酵艺术中心

D. 喜饰手作店

E. 其他（请注明）

（各选项所占比例分别为45%、30%、25%、20%、10%，其中E选项在备注中提及了多家小众文创店和特色咖啡馆）

问题三：您对红梅文创园有什么期待？

A. 期待更多艺术展览和文化活动

B. 希望增加更多餐饮和娱乐设施

C. 希望文创产品更加丰富多样

D. 希望园区环境更加优美，适合拍照打卡

E. 希望有更多互动体验项目，如 VR 体验、手工制作等

（各选项所占比例分别为 30%、25%、20%、15%、10%）

问题四：您访问文化创意产业园的主要目的是什么？

A. 艺术审美

B. 学习探索

C. 休闲放松

D. 社交交流

E. 炫耀猎奇

（各选项所占比例分别为 40%、25%、20%、10%、5%）

问题五：您对红梅文创园内的艺术和文化活动有何期待？（多选题）

A. 定期的艺术展览

B. 文化工作坊和讲座

C. 现场音乐和表演

D. 互动体验活动

E. 传统节庆活动

（各选项所占比例分别为 60%、30%、50%、45%、25%）

问题六：您希望园区提供哪些类型的休闲和娱乐设施？（多选题）

A. 咖啡馆和餐厅

B. 书店和文创品商店

C. 儿童游乐区

D. 户外休闲区

E. 体育设施

（各选项所占比例分别为 70%、55%、30%、60%、20%）

1. 文化品牌分析

品牌知名度较高：从问题的结果来看，90%的受访者知道沈阳红梅文创园这个品牌，说明其在市场上已经具有了较高的知名度。这主要得益于其前身沈阳红梅味精厂的历史底蕴和品牌影响力，以及近年来文创园在改造和运营过程中的积极宣传和推广品牌。红梅文创园以工业遗产为基础，将老厂房改造成了集艺术展览、文化交流、创意餐饮等多种功能于一体的文化创意产业园区，形成了独特的品牌特色。这种将工业文化与现代艺术相结合的模式，不仅保留了城市的历史记忆，还为游客带来了全新的文化体验，吸引了众多对文化艺术和创意产业感兴趣的人群。

品牌形象良好：根据受访者对园区内不同店铺的印象和对园区的期待，可以看出红梅文创园在游客心中树立了较好的品牌形象。例如，青梅酒肆、谷雨餐厅等特色店铺，以及发酵艺术中心等文化场所，都为游客提供了高品质的产品和服务，增强了游客对品牌的认同感和好感度。

2. 市场营销分析

多元化的业态组合：文创园涵盖了艺术展览、文化餐饮、创意手作、娱乐休闲等多种业态，满足了不同游客的需求。这种多元化的产品策略有助于吸引更广泛的客户群体，提高园区的市场竞争力。

特色产品与服务：园区内的一些特色店铺和项目，如青梅酒肆的满族酿酒工艺水果酒、发酵艺术中心的艺术展览、喜饰手作店的手工艺品制作等，成为吸引游客的重要亮点。这些特色产品和服务不仅具有独特的文化内涵，还能够为游客提供个性化的体验，增强游客的满意度和忠诚度。

线下活动与体验：通过举办各种线下活动，如艺术展览、文化市集、演出等，吸引游客前来参观和体验是红梅文创园市场营销的重要手段之一。这些活动不仅能够为游客提供丰富的文化娱乐内容，还能够增加园区的人气和知名度，促进品牌的传播和推广。

社交媒体与网络营销：利用社交媒体平台和网络渠道进行宣传和推广，也是红梅文创园市场营销的重要方式之一。通过发布园区的活动信息、图片、视频等内容，吸引网友的关注和分享，扩大品牌的影响力和传播范围。

会员制度与优惠活动：建立会员制度，为会员提供积分、折扣、优先参与活动等优惠待遇，能够增加游客的黏性和忠诚度。此外，不定期地推出些优惠活动，如门票打折、消费满减等，也能够吸引更多的游客前来消费。

合作与联合推广：与周边的旅游景点、酒店、餐厅等企业进行合作和联合推广，实现资源共享、优势互补，能够扩大品牌的影响力和市场覆盖面。例如，与沈阳故宫、中街等景点合作，推出联票或旅游套餐吸引更多的游客前来沈阳旅游，并到红梅文创园参观体验。

三、品牌 CIS 设计

（一）理念识别（MI）

企业理念：红梅文创园的企业理念是"传承与创新"，旨在挖掘和传承中国传统文化，同时融入现代设计理念，打造具有时代特色的文化艺术品牌。这一理念贯穿于园区的发展战略、运营管理和品牌建设之中，形成了独特的文化氛围和品牌影响力。

企业行为：园区通过一系列的企业行为来体现其理念，如定期举办文化艺术展览、讲座、研讨会等活动，以及与国内外文化机构的交流合作。不仅提升了园区的知名度，还促进了文化艺术的传播和交流，增强了品牌的社会认可度。

企业视觉：红梅文创园的企业视觉设计以简洁、现代、富有创意为特点，通过统一的视觉识别系统（VIS），包括标志、标准字、标准色等元素，传达出品牌的专业性和文化内涵。这种设计风格在园区的导视系统、宣传资料、产品包装等方面得到了广泛应用。

企业传播：园区的企业传播策略注重多元化与互动性，通过线上线下的渠道，如官方网站、社交媒体、线下活动等，与公众进行有效沟通。这种传播方式不仅扩大了品牌的传播范围，还增强了公众的参与度和品牌的互动性。

（二）行为识别（BI）

行为规范：红梅文创园的行为规范是基于企业理念和文化价值观制定的，包括员工行为准则、服务流程、质量控制等方面。这些规范确保了园区在运营过程中的一致性和专业性，为品牌形象塑造提供了坚实的基础。

企业活动：园区通过组织各类企业活动，如文化艺术节、创意市集、艺术家驻地项目等，来展示品牌特色和促进文化交流。这些活动不仅丰富了园区的文化生活，还提升了公众对品牌的认知度和参与热情。

企业形象：红梅文创园的企业形象设计注重与品牌理念的一致性，通过建筑风格、环境布局、视觉识别系统等方面，打造出独特的园区形象。这种形象不仅体现了园区的文化底蕴，还成为品牌识别的重要标志。

企业文化：园区的企业文化强调创新、包容、共享，鼓励员工和艺术家进行创意实践，同时也注重社会责任，推动文化与社会的和谐发展。这种企业文化为园区的发展提供了内在动力，也为品牌的长远发展奠定了基础。

（三）视觉识别（VI）

视觉元素：红梅文创园的视觉元素设计包括标志、字体、色彩等，这些元素相互协调，形成了一套完整的视觉识别系统。这些视觉元素在园区的标识、导视、宣传材料等各个方面得到统一应用，增强了品牌的识别度和影响力。

标志设计：红梅文创园的标志设计融合了红梅的形态和文化艺术的元素，简洁而富有创意。标志不仅代表了园区的品牌形象，还传达了园区传承与创新的理念，成为品牌识别的核心符号。

色彩搭配：园区的色彩搭配以砖红为主题，采用砖红色的元素，形成了一种温暖、鲜明的色彩体系。这种色彩搭配既体现了园区的自然和文化特色，也在视觉上给人以强烈的冲击和记忆点。

应用规范：园区的视觉识别系统应用规范详细规定了标志、字体、色彩等的运用方式，确保在不同场合和媒介中品牌形象的一致性和专业性。这些规范有助于维护品牌形象，提高品牌传播效果。

四、产业化链条构建

（一）产业链上游

创意设计：红梅文创园的创意设计环节是其产业链的起点，涵盖了从文化创意的萌发到具体设计方案的制订。其中包括了产品设计、视觉传达设计、空间设计等多个方面，通过引入专业设计师和设计团队，将红梅文创园的文化元素与现代设计理念相结合，创造出具有独特文化魅力的创新产品和服务。

技术研发：技术研发是推动红梅文创园发展的重要力量。园区通过引进先进技术和设备，建立研发中心，与高校、科研机构合作，进行技术攻关和产品创新。这些技术不仅包括传统手工艺的现代化改造，还包括数字技术、互联网等新兴技术的应用，为文化产品的生产提供了技术支持。

知识产权：在创意设计的基础上，红梅文创园注重知识产权的保护，包括对设计作品、文学作品、商标等进行版权、专利申请和注册。这不仅保护了园区的原创性成果，还为后续的品牌推广和市场拓展提供了法律保障，确保了文化产品的独特性和市场竞争力。

品牌建设：红梅文创园的品牌建设是其产业化链条中的关键环节。通过明确品牌定位、挖掘文化内涵、打造品牌形象，园区建立了独特的品牌识别系统。同时，通过参加各类文化交流活动、举办文创产品展览等方式，不断提升着品牌知名度和影响力。

（二）产业链中游

市场营销：红梅文创园的市场营销策略包括市场调研、产品定位、渠道拓展和促销活动等。通过深入了解消费者需求，制订有针对性的市场营销计划，园区能够有效推广其文化产品，扩大市场份额。同时，利用互联网和社交媒体等新兴营销手段，提高产品的线上曝光率。

品牌推广：品牌推广是提升红梅文创园品牌影响力的重要手段。园区通过参加国内外文化展会、举办品牌发布会、开展合作交流等方式，不断推广品牌形象。同时，通过媒体宣传、线上推广等手段，扩大品牌传播范围，增强品牌认知度。

渠道建设：渠道建设是红梅文创园产品流通的关键。园区建立了线上线下相结合的销售网络，包括实体店、电商平台、代理商等多元化销售渠道。这些渠道不仅覆盖了国内市场，还拓展到了国际市场，为文化产品的广泛流通提供了有力支持。

(三)产业链下游

文化体验:红梅文创园注重提供丰富的文化体验,包括参观展览、互动体验、文化讲座等。这些体验活动旨在让消费者更深入地了解和感受园区文化产品背后的故事和价值观,从而增强消费者对品牌的认同感和忠诚度。

文化消费:文化消费是红梅文创园产业链下游的重要组成部分。园区通过提供各类文化产品和服务,满足消费者在文化娱乐、教育学习、日常生活等方面的消费需求。这些文化消费产品不仅具有实用性,还具有较高的文化附加值,吸引了大量消费者。

市场反馈:市场反馈对于红梅文创园的产品改进和品牌优化至关重要。园区通过收集消费者反馈、进行市场调研等方式,了解产品在市场上的表现和消费者的真实需求。这些反馈信息为园区的产品创新和市场策略调整提供了重要依据。

持续发展:红梅文创园致力于可持续发展,通过不断优化产业链结构、提升产品和服务质量、加强品牌建设等方式,确保园区的长期发展。同时,园区还注重培养人才、加强科研创新、推动产业升级,为文化产业的持续发展提供动力。

第六节 环球影城文化产业推广营销方案分析

一、品牌简介

环球影城(Universal Studios)是一个以电影为主题的游乐园,其特色是将电影中的场景和特效带入现实,让游客体验电影制作的过程和电影中的经典场景。环球影城起源于好莱坞的电影拍摄片场,后来发展成为全球知名的主题公园。环球影城内有多个主题区域,包括但不限于哈利·波特的魔法世界、变形金刚基地、小黄人乐园等,每个区域都以其独特的电影主题和游乐设施吸引游客。

环球影城背后的公司是康卡斯特（Comcast）旗下的 NBC 环球集团（NBC Universal）。康卡斯特是美国第二大付费电视服务商、第一大 NBC 环球集团的主营业务包括有线网络、广播电视、影视娱乐、主题公园。环球影城是康卡斯特旗下公司，美国最大的电影公司之一，成立于 1912 年，是好莱坞历史第二悠久的电影公司。不同地区的环球影城可能会有当地的合作企业参与投资和运营。例如，北京环球影城的投资及运营公司是北京首寰文化旅游投资有限公司，这家公司的股东包括北京首旅集团、北京国有资本运营管理公司、北控置业集团、北京新城投资、北京文投集团。

二、命名故事

环球影城的命名故事与其创始人卡尔·莱姆勒（Carl Laemmle）密切相关。卡尔·莱姆勒是一位德商犹太人，17 岁时来到美国，后来成为环球影业的创始人。1912 年，卡尔·莱姆勒将其他几个电影厂合并，成立了环球电影制片公司，即环球影业的前身。1915 年，他拿着拍电影赚的钱，在好莱坞边上建了占地 1.7 平方公里的环球城——一个约有 600 个拍摄场景、90 个舞台的电影厂，并且对外开放，让观众走进电影幕后一探究竟。这就是世界上第一座环球城，也是环球影城的前身。

环球影城的名字"Universal"意味着"普遍的""全球的"，这反映了卡尔·莱姆勒对于电影和娱乐的全球视野。环球影业的标志性 logo 是"UNIVERSAL"，字母围绕着一个地球，象征着其全球性的影响力和普遍的吸引力。环球影城的命名不仅代表了其作为电影制片厂的身份，也预示了其未来作为全球性娱乐目的地的发展方向。环球影城从最初的电影拍摄基地，发展成为今天全球知名的主题公园，其名字中的"环球"二字也体现了其全球范围内的扩张和影响。

三、定位

品牌定位：环球影城的品牌定位是"刺激、创新和娱乐"，旨在为消费者带来全新的娱乐体验，让他们享受无限的乐趣和刺激。环球影城以其丰富多样的品牌 IP 形象和创新的营销策略，在市场中脱颖而出，主要面向年轻人、儿童以及家庭、情侣和年轻夫妇等不同消费群体。

市场定位：环球影城的目标消费群主要是年轻人和儿童，他们喜欢体验刺激和创新的娱乐活动。此外，环球影城还面向家庭、情侣和年轻夫妇等不同消费群体。环球影城通过提供丰富多样的娱乐活动，包括主题公园、电影院、演出等多种娱乐形式，满足不同消费者的需求。

文化和 IP 定位：环球影城的定位围绕授权 IP 打造能与当地消费者产生文化共鸣的主题乐园。北京环球影城中出现了首个以功夫熊猫为主题的景区——功夫熊猫盖世之地，而变形金刚景区中也融入了专属于中国的故事线。环球影城通过这种方式，强化了其 IP 的文化价值张力，实现消费结构的多元化。

区域经济定位：环球影城的建立对于当地经济有着重要的推动作用。例如，北京环球影城的建立预计将大幅拉动北京及周边地区的旅游热度，同时也将深度利好主题乐园上下游产业链，以及游乐设备企业、旅游购物企业、连锁酒店、餐饮业等其他周边产业。

娱乐体验定位：环球影城提供的不仅仅是传统的游乐设施，更通过采用虚拟现实、增强现实等技术提供更加沉浸式的体验，使游客可以身临其境地感受到电影和游戏中的场景和剧情。

四、品牌 CIS 设计

（一）理念识别（MI）

环球影城的理念识别体现在其品牌的核心价值和文化上。环球影城以电影主题为载体，提供沉浸式的娱乐体验，其理念是"重现电影经典场景，揭秘电影制作过程"。以电影为核心的娱乐体验，可以满足都市人的休闲娱乐需求，也强化了环球影城作为全球著名影视再现场景主题乐园的定位。

（二）行为识别（BI）

环球影城的行为识别体现在其对游客体验的重视上。环球影城通过提供高质量的客户服务、举办各种活动和推广电影文化来实践其行为识别。例如，环球影城内部共有8家商店，大多以相关电影为主题的糖果、玩具、服装、纪念品等；在商业步行街两旁分布近30家商店，除纪念品商店外还入驻诸多品牌商店。这些行为识别的实践，增强了消费者的品牌忠诚度和满意度。

（三）视觉识别（VI）

（1）标志设计

环球影城的标志以地球形状为基础，象征着"环球"主题，使用鲜明的红色和蓝色，与品牌名称相互呼应，这种高频率的使用帮助观众建立了强烈的视觉印象。

（2）风格设计

环球影城的VI设计呈现出一种独特的未来感，从场馆建筑、装饰设计到员工制服，都采用了科幻风格的元素和创新的颜色组合。

（3）色彩设计

环球影城的色彩设计以红色和蓝色为主，这两种颜色的使用不仅在标志中体现，也在园区的各个角落和活动中得到应用，形成了品牌的视觉统一性。

应用部分：环球影城VI设计的应用部分包括办公应用、室内环境系统设计、广告设计、电商设计、包装设计等多元载体。这些应用设计项目不一，但都紧密围绕品牌的核心价值和个性特色进行设计。

五、宣传策略

在宣传策略上，环球影城善于利用电影的影响力来吸引游客。例如，在电影《哈利·波特》系列热映期间，环球影城适时推出了"哈利·波特的魔法世界"主题园区，通过电影的宣传热度吸引了大量的哈利·波特粉丝前来体验。同时，环球影城还会发布精彩的宣传片和广告，展示主题公园的独特魅力和刺激的游乐项目，激发游客的兴趣。

环球影城还会通过举办各种活动和主题季来进行宣传。比如在特定的节日或纪念日，会推出相应的主题活动和特别表演；在不同的季节，也会有不同的主题装饰和活动安排，让游客在不同的时间能有全新的体验。

六、调查问卷

问题一：社交平台上与环球影城相关的广告或推送频率是否让您产生了兴趣？

结论分析：根据数据，42.86%的受访者表示"同意"，即社交平台上的环球影城相关广告或推送频率引起了他们的兴趣，而"很同意"和"一般"的选项各占28.57%。没有受访者选择"很不同意"或"不同意"，这表明整体上受访者对这些广告或推送持正面态度。

改进建议：可以考虑增加与受众兴趣相关的内容，以提高"同意"与"很同意"的比例。比如，针对受众的兴趣和行为进行更精准的广告投放，或者引入互动性更强的内容形式，如投票、问答等，来增强用户的参与感和兴趣。同时，可以收集更多的用户反馈，了解他们对广告内容的具体偏好，从而优化广告策略。

问题二：当您有需求时，您是否愿意再次通过社交媒体平台购买环球影城的产品或服务？

结论分析：根据调查结果，大部分受访者（64.29%）表示愿意通过社交媒体平台再次购买环球影城的产品或服务，显示出较高的购买意愿。同时，14.29%的受访者表示"同意"或"很同意"，进一步增强了这一趋势。然而，仍有21.43%的受访者对再次购买持消极态度（7.14%"很不同意"和14.29%"一般"），存在一定的改进空间。

改进建议：增强品牌信任度。针对持消极态度的受访者，可以通过提升品牌形象和透明度来增加信任，例如分享用户评价和成功案例。优化社交媒体营销策略。通过分析用户行为和反馈，定制更具吸引力的促销活动或内容，以吸引更多潜在客户。提供个性化体验。利用数据分析了解用户偏好，提供个性化的产品推荐和服务，以提升用户的购买意愿。

七、运营模式

环球影城的运营模式涵盖了多个方面，确保其在娱乐行业中的竞争力和市场领导地位。

IP打造与运营：环球影城在品牌和IP的处理上与迪士尼有所不同，它不仅使用自有IP如小黄人、大白鲨，还通过获得第三方授权或与第三方合作等方式引入其他受欢迎的本土IP。环球影城通过电影场景和核心标志物的实体化展现，实现IP形象的全产业链延伸和营销，深入挖掘IP价值并创造新的客户和需求。

主题乐园业务布局：环球影城的主题乐园业务布局现状显示四大板块协同发展，包括有线网络、广播电视、电影娱乐和主题公园。这些业务板块相互支持，为IP融合、沉浸式体验和全产业链延伸等核心优势的打造提供助力。

沉浸式体验：环球影城注重打造沉浸感和融入感，通过情景模拟和环境体验吸引游客。例如，北京环球影城的"哈利·波特的魔法世界""侏罗纪世界努布拉岛""变形金刚基地"等都是以强大的IP为中心，每个主题区都是一个单独的IP宇宙。

与本土文化结合：环球影城在中国的布局中，做了更多与本土文化结合的尝试，如北京环球影城内设有带中国元素的"功夫熊猫"主题园区，未来的二期工程中还将会有"孙悟空"IP的打造出现。

合资经营模式：北京环球影城采用的是中外合资模式，以北京首旅集团为首的5家北京国资企业占股70%，美国康卡斯特旗下的NBC环球公司持有30%股权。这种模式有助于内外资优势互补，并与当地文化结合，提升吸引力。

财务模式：环球影城的财务模式包括全资拥有自主经营、与其他公司合资以及授权给第三方使用环球影城的名字和部分IP项目。这种多元化的财务模式有助于分散风险并最大化收益。

八、产业化链条

环球影城的产业化链条是一个多元化、综合性的系统，涉及从内容创作到最终消费的全过程，通过不断的创新和优化，实现产业链的增值和扩展。

（一）产业链上游

环球影城的上游产业主要包括 IP 的创作、版权授权等。这些是环球影城产业链的基础，为后续的产品和服务提供原始素材和创意。

（二）产业链下游

下游产业则涉及旅游服务、商品销售等，这些是环球影城直接面向消费者的业务，包括门票销售、园内餐饮、纪念品销售等。

（三）产业链与上下游行业之间的关联性

环球影城的产业链与上下游行业之间存在紧密的关联性。上游的 IP 创作和版权授权直接影响到下游产品和服务的吸引力，而下游的市场需求和消费者反馈又反过来影响上游内容的创作和调整。

（四）产业价值链条的构成

环球影城的产业价值链条包括了从内容创作、版权管理、主题公园建设、旅游服务提供到商品销售等多个环节，每个环节都是价值创造和增值的过程。

（五）产业链条的竞争优势与劣势分析

优势：环球影城拥有强大的 IP 资源和品牌影响力，能够吸引大量游客，同时通过跨行业合作，打造文旅产业＋生态圈，为游客带来最佳的沉浸式体验。

劣势：主题公园需要大的资金投入，后继开发存在问题，且高消费高门票可能导致重游率较低

环球影城的产业结构调整将受到政策指导和市场需求的影响，未来可能会更加注重提升游客体验和增加重游率，同时探索新的业务模式和收入来源。

第七节　建业文旅文化艺术品牌推广营销分析

一、品牌简介

（一）品牌基本信息

建业文旅，全称河南建业文化旅游产业发展有限公司，是建业集团下属的全资子公司之一。建业文旅于 2005 年探索、起步，以挖掘、保护、传承和光大中原文化为己任，目前建业集团已初步形成以重大文化工程为引领、以中原文化小镇系列为依托、以相关配套文旅业态为支撑的文旅产业发展格局，正在尝试走出一条具有华夏文明特质、中原文化特色、建业文旅特征的发展道路。

建业文旅致力于河南省内文化旅游地产项目的开发与运营，通过主题公园、旅游街区、实景演出等多种形式，呈现不同风格、不同形式、不同内涵的"建业文化旅游故事"。目前，建业文旅主要运营项目为"建业电影小镇"和"只有河南·戏剧幻城。"

（二）品牌命名故事

1992 年，由胡葆森创立的建业集团正式成立，深耕于河南这片厚土 30 余载，构建了建业地产、中原建业、建业新生活和筑友智造科技四大板块。2005 年，建业集团开始涉足文旅企业，建业文旅由此诞生。

"建业"这两个字是创始人胡葆森个人抱负与理念的直接体现。在 2005 年房地产依然大热的时代背景下，建业集团却涉足文旅行业，这不仅是因为对消费建业升级环境具有一定的预测，更多的是创始人胡葆森对"建业"二字的追求和对河南土地的热爱。

（三）品牌宣传故事

建业文旅的宣传大多为"用建业的视角和形式叙述的河南中原文化故事"，例如"只有河南·戏剧幻城"对自家故事的宣传中，往往采用戏剧中最吸引人、最有记忆点、最有历史文化韵味的一句话来进行宣传。

"把种子种下去，要好好地活着"，李家村的老人们把种子交给孩子后就再也没吃过一粒粮了。

这是麦田吗？这是信念，这里是"只有河南"的火车站剧场。

就是这里吧？就是这里。这里是"只有河南·戏剧幻城"剧场。

就是这样短短的一小段宣传文案，既能勾起华夏子孙刻在血脉里的认同，产生极大的兴趣，又能与观看过这些剧场的游客形成回响，连绵不绝，让人去过一次还想去第二次。

（四）品牌 CIS 设计

1. 理念识别（MI）

建业集团是一个具有很强的社会使命感的企业。对于建业文旅和建业集团来讲，挖掘、保护、传承和光大中原文化就是其企业的理念识别。胡葆森先生曾表示，虽然走出河南企业成长会更快，但他更看重对一个区域的经济和社会贡献。

2. 行为识别（BI）

建业文旅的行为识别对外表现为极其重视与用户的深度情感链接，将中原文化与河南故事沉浸式地诉说与游客，通过这种行为将企业的理念深刻地展现出来。

3. 视觉识别（VI）

如果用一个颜色来描述建业文旅，那一定是中原大地的土黄色。无论是建业小镇的民国河南街景，还是河南的黄色夯土城墙、高粱田，都极具中原文化特色。

二、建业文旅品牌运营模式分析

（一）品牌定位

建业文旅的品牌定位是以中原文化小镇系列为依托，具有华夏文明特质、中原文化特色、建业文旅特征的文化旅游品牌，在丰富的历史、文化、自然资源的基础上，通过主题公园、旅游街区、实景演出等多种形式，呈现不同风格、不同形式、不同内涵的"建业文化旅游故事"。

由于目前建业文旅每个文化旅游项目都深度依托中原文化，而其表现的风格与形式不尽相同，使得其每个项目的定位细节也有所区别。例如"只有河南·戏剧幻城"侧重于充分挖掘河南地区的中原文化和超高浓度的戏剧体量、超高频次的单日演出。"建业电影小镇"则侧重于用电影形式诠释河南的文化内核。

（二）品牌市场运作

因为建业文旅"光大"中原文化的企业理念，所以其项目最初定位就不只局限于郑州及附近地市的居民与游客，而是面对全国的客群。建业文旅的宣传主要集中在线上渠道，所以选择相比较覆盖面更加广泛的线上媒体作为主要发力点。

以建业文旅旗下的项目"只有河南·戏剧幻城"为例，其线上宣传渠道分为新媒体和自媒体两个方面。新媒体方面集中在抖音和B站两个视频平台，首演开城时分别向两个平台邀请15位百万粉丝UP主和上百位旅游类、探店类达人于开城前合作宣传，开城后仍持续同平台及达人进行合作。在自媒体上，"只有河南·戏剧幻城"把景区自身当作一个独立媒体去进行思考，通过官方微信视频号、公众号、其他App账号等多平台宣传。截至2024年11月，"只有河南·戏剧幻城"在抖音平台拥有55.7万的粉丝量。

票务销售方面，"只有河南·戏剧幻城"主要依托自身官方平台进行销售，包括官方微商城、"建业+"、微信公众号等。在大客户方面，则进行定期维护，现有大客户群体包括宝马汽车、太平洋保险、长江商学院、保利集团等数十家公司，他们会不定期组织员工来"只有河南·戏剧幻城"进行团建。

(三）品牌延伸

作为一个房地产企业的子公司，建业文旅的品牌延伸必然包括了酒店类住宿服务。在"只有河南·戏剧幻城"开城纳客的当天，"只有剧场"酒店同时开店营业。酒店毗邻"只有河南·戏剧幻城"主题公园、建业华谊兄弟电影小镇。酒店为建业集团投资建设，主要客户定位为"只有河南·戏剧幻城"主题公园游客。

除了住宿服务外，建业小镇与只有河南内部还提供特色中原美食和文创商店。

三、建业文旅品牌产业化链条分析

建业文旅作为一个主打文化娱乐休闲服务旅游产业的企业，其产业化的链条十分复杂，主要包含以下四个产业环节：文化创意、文化演绎、旅游设施建设和旅游服务。

（一）文化创意

文化创意是文旅产业链条的起始，建业文旅通过收集、利用中原文化资源，将其转化为独具特色的文化产品。通过与自然造物有限公司合作，机械化批量生产，最后通过线上与线下两种渠道售出。

（二）文化演绎

文化演绎是建业文旅产业的核心环节。建业文旅通过自主研发、与知名导演（王潮歌）合作等方式设计、编写剧本、聘请团队对细节精细打磨。建业文旅约有1700名员工，其艺术团专职演员就多达700余人。

（三）旅游设施

旅游设施环节是文旅产业的基础，包括规划设计、土地开发、建筑施工等。作为房地产集团的子公司，在这个环节上拥有巨大的产业链优势，其设施的专业程度与科技含量非常高。

（四）旅游服务

这一环节包括旅游接待和旅游交通。由于"只有河南"和"建业电影小镇"沉浸式的项目定位，建业文旅的项目基本不包含专业导游，转而用随处可见、随手可拿的地图和 NPC 代替。又由于附近许多的地皮、楼盘和小区的开发商和物业都隶属建业集团，且开发完备。所以附近基础设施丰富，出行的交通工具多种多样。

四、建业文旅市场调研与结果分析

（一）建业文旅下属项目——建业小镇市场调研问卷

尊敬的受访者：

您好！非常感谢您抽出宝贵的时间参与本次关于"建业电影小镇"的调研。您的回答将对我们了解游客需求和改进小镇的服务与产品提供重要依据。本问卷大约需要 5～10 分钟完成，所有信息仅用于统计分析和研究目的，我们将严格保密。

1. 个人信息

（1）您的性别？

A. 男　B. 女

（2）您的年龄？

A. 18 岁以下　B. 18～25 岁　C. 26～35 岁

D. 36～45 岁　E. 46～55 岁　F. 55 岁以上

（3）您的职业？

A. 学生　B. 企业职工　C. 公务员/事业单位人员

D. 自由职业者　E. 退休人员　F. 其他（请注明）

（4）您的月收入水平（或生活费）？

A. 3000 元以下　B. 3001～5000 元　C. 5001～8000 元

D. 8001～10000 元　E. 10000 元以上

2. 关于建业电影小镇的知晓情况

（5）您是通过什么渠道了解到建业电影小镇的？（可多选）

A. 社交媒体（如微信、微博、抖音等）　B. 电视广告

C. 旅行社推荐　D. 亲朋好友介绍　E. 在线旅游平台（如携程、去哪儿网等）　F. 其他（请注明）

（6）在来建业电影小镇之前，您对它的了解程度如何？

A. 非常了解，知道很多景点和活动　B. 比较了解，大概知道其特色

C. 一般了解，只听说过名字　D. 不太了解，几乎没什么信息

3. 游玩信息

（7）您是第几次来建业电影小镇？

A. 第一次　B. 第二次　C. 第三次　D. 三次以上

（8）您一般会在建业电影小镇停留多长时间？

A. 半天（4小时以内）　B. 一天（4~8小时）　C. 一天以上

4. 游玩体验

（9）您对建业电影小镇的整体印象如何？

A. 非常好，超出预期　B. 较好，比较满意

C. 一般，没有特别的感觉　D. 不太好，有些失望　E. 非常不好，完全不符合期望　F. 其他（请注明）

（10）您是否愿意推荐建业电影小镇给您的亲朋好友？

A. 一定会　B. 可能会　C. 不确定　D. 可能不会　E. 一定不会

（11）您希望建业电影小镇未来增加哪些类型的活动或项目？（可多选）

A. 主题节庆活动　B. 亲子互动项目　C. 文化展览和讲座

D. 夜间灯光秀或夜游项目　E. 与影视拍摄相关的体验活动

F. 其他（请注明）

（12）您对建业电影小镇关于"交通便利度"方面的评分是多少？（评分为1~5分，分数越高评价越高。）

A. 1　B. 2　C. 3　D. 4　E. 5

（13）您对建业小镇关于"餐饮体验"方面的评分是多少？

A. 1　B. 2　C. 3　D. 4　E. 5

（14）您对建业电影小镇关于"文化资源"方面的评分是多少？

A. 1　B. 2　C. 3　D. 4　E. 5

（15）您对建业电影小镇关于"住宿体验"方面的评分是多少？

A. 1　B. 2　C. 3　D. 4　E. 5

（16）您对建业电影小镇关于"购物体验"方面的评分是多少？

A. 1　B. 2　C. 3　D. 4　E. 5

（17）您对建业电影小镇关于"娱乐体验"方面的评分是多少？

A. 1　B. 2　C. 3　D. 4　E. 5

（18）您对建业电影小镇关于"基础设施建设"方面的评分是多少？

A. 1　B. 2　C. 3　D. 4　E. 5

（19）您对建业电影小镇关于"服务水平"方面的评分是多少？

A. 1　B. 2　C. 3　D. 4　E. 5

（20）您对建业电影小镇关于"旅游体验"方面的评分是多少？

A. 1　B. 2　C. 3　D. 4　E. 5

（21）您对建业电影小镇关于"宣传推广"方面的评分是多少？

A. 1　B. 2　C. 3　D. 4　E. 5

再次感谢您的支持与配合！如果您对建业电影小镇还有其他任何意见或建议，欢迎在下方空白处填写。

（二）调研结果

本次调研共计152份调查问卷，去除无效问卷，共回收120份有效问卷。调研数据结果四舍五入。（见表6-2）

性别比例：男生占比约为47%，女生占比约为53%，性别占比相对持平。

年龄分布：游客年龄中18~25岁占比最高，约占39%。

职业占比：职业占比最高的为公司职员，约占32%，其次为学生群体，约占26%，自由职业者约占18%。

月收入：月收入在1000元以下的游客占比为27%，多为学生群体；月收入在 3001~5000 元的游客数量最多，占比为 38%。

表 6-2　建业小镇市场调研问卷调查结果

项目	评分（分）
交通便利度	3.8
餐饮体验	3.6
文化资源	3.9
住宿体验	3.8
购物体验	3.7
娱乐体验	3.8
基础设施建设	3.8
服务水平	3.9
旅游体验	3.9
宣传推广	2.9

第八节　华强方特文化艺术品牌推广营销策略

一、品牌简介

（一）企业概述

华强方特（Fantawild）属于华强方特文化科技集团股份有限公司，成立于 2007 年，总部位于中国深圳。该公司是中国领先的集文化创意、高科技研发于一体的综合性文化产业集团。华强方特不仅在中国国内拥有广泛的影响力，还在国际市场上逐步扩展其业务版图，特别是在主题公园建设和数字娱乐内容创作方面取得了显著成就。号称"中国版迪士尼"。

（二）命名故事

"华强方特"这个名字蕴含了深刻的含义。"华"代表中华，强调了品牌与中国文化的深厚联系;"强"意味着强大、坚强,表达了公司不断追求卓越的决心;"方特"则是英文"Fantasy"的音译,寓意着梦想与幻想,体现了公司创造无限可能的企业精神。

二、品牌定位

(一)"文化+科技"

以"文化+科技"的形式,华强方特将品牌定位于"中国文化的创新者和传播者"。品牌致力于通过高质量的文化娱乐产品和服务,向世界展示丰富多彩的中国文化,同时激发年轻人对中国传统文化的兴趣和自豪感。

(二)发展战略

华强方特采取规模化、国际化、多元化的发展战略,依托品牌的动漫产品、主题公园、环幕立体影片和特种电影设备等拳头产品走入国际市场。

三、运营模式

(一)组织架构(见图6-1)

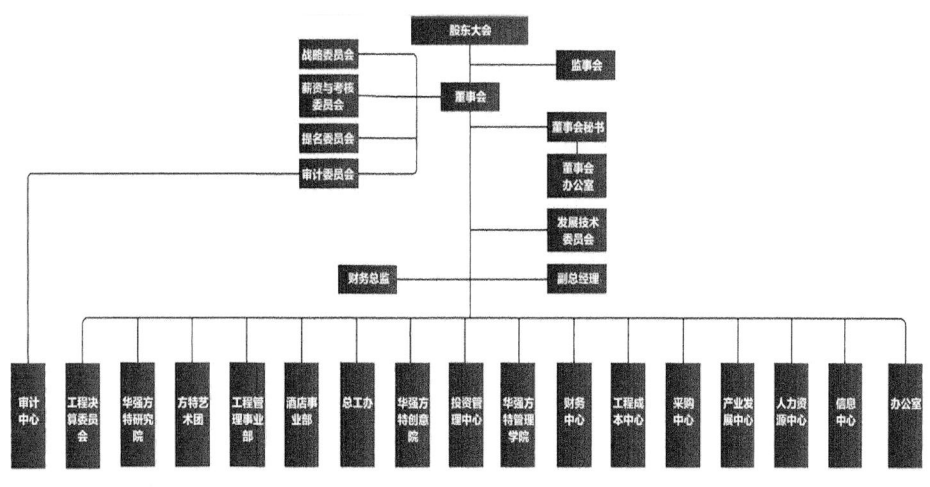

图6-1

（二）主营业务（见图 6-2）

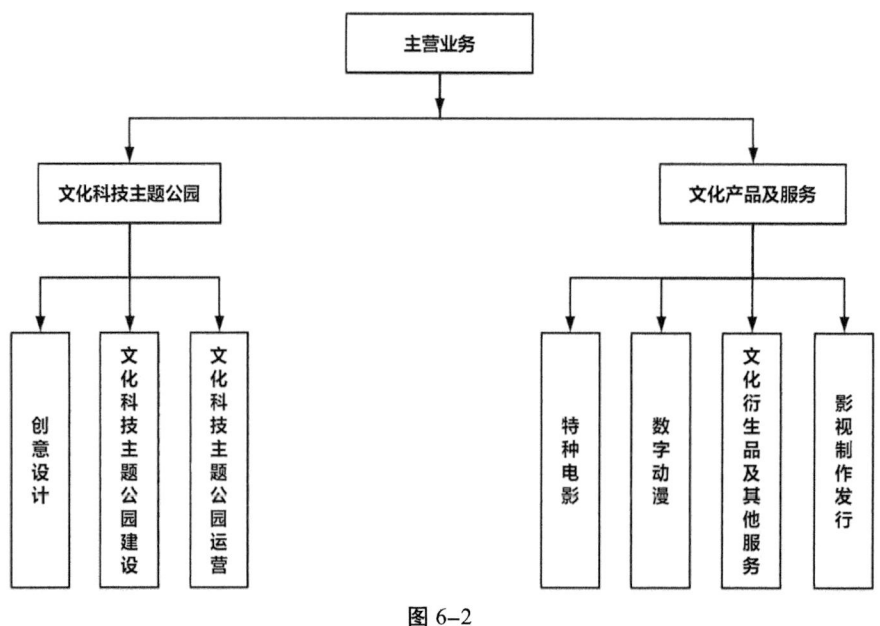

图 6-2

（三）品牌相关 CIS 设计（见图 6-3）

图 6-3

（四）财务构成（见表 6-3、表 6-4）

表 6-3　2022—2023 年华强方特公司成本构成表

项目名称	2023 年		2022 年	
	数值（万元）	百分比（%）	数值（万元）	百分比（%）
成本费用总额	534365.76	100	534365.76	100
主营业务成本	327220.82	61.24	271992.38	61.68
销售费用	102513.92	19.18	70024.48	15.88
管理费用	81288.30	15.21	74411.71	16.88

表 6-4　2023 年华强方特公司主营业务构成分析

	业务名称	营业收入（元）	收入比例	营业成本（元）	成本比例	主营利润（元）	利润比例	毛利率
按产品	文化科技主题公园	58.60 亿	87.88%	31.07 亿	94.95%	27.53 亿	81.07%	46.98%
	文化内容产品	7.93 亿	11.90%	1.57 亿	4.80%	6.36 亿	18.74%	80.21%
	其他业务	1490.75 万	0.22%	835.97 万	0.26%	654.78 万	0.19%	43.92%
按地区	中国大陆	62.40 亿	93.58%	32.69 亿	99.89%	29.72 亿	87.95%	47.62%
	其他地区收入	4.11 亿	6.16%	349.07 万	0.11%	4.07 亿	12.05%	99.15%
	其他国家及地区	1749.12 万	0.26%	—	—	—	—	—

（五）核心 IP

"熊出没"所在的"数字动漫"虽然营收占比不高，却是这家公司的"灵魂"所在。

华强方特及其动漫业务发展如图 6-4 所示。

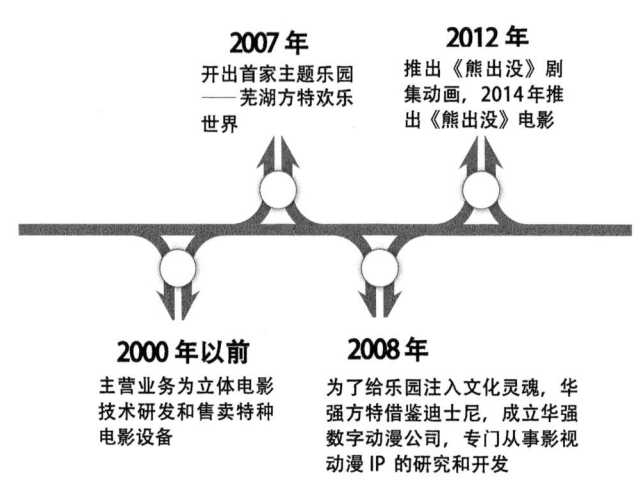

图 6-4

2024 年春节档,"熊出没"系列电影《熊出没·逆转时空》杀出重围,影片人气和吸金能力刷新大众认知。其上映首日上座率 63.1%,断层式领跑春节档。《熊出没·逆转时空》春节档票房 13.89 亿元,总票房约 20 亿元。

2014 年开始,《熊出没》10 年 10 部电影,累计 70 亿元票房,比肩《唐人街探案》《流浪地球》等系列电影。从动画到电影,"熊出没"成为一代人童年回忆。除了动画片的核心受众儿童,2024 年 20 岁以下的大学生、高中生"想看"占比超过 20%,其次是 20~24 岁的年轻人(见图 6-5)。

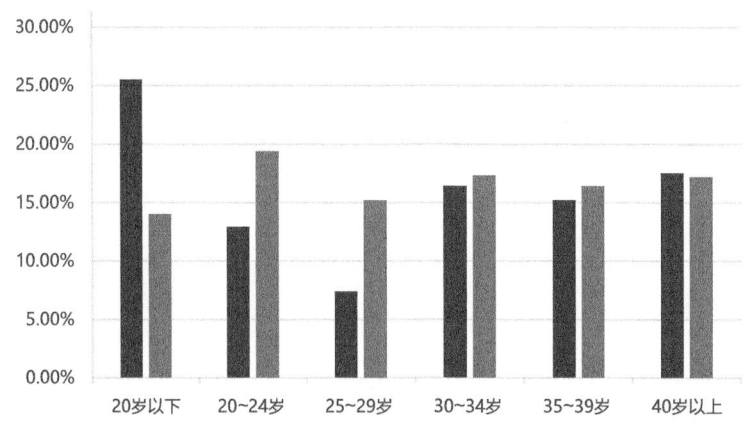

图 6-5 2024 年《逆转时空》和 2023 年《伴我熊芯》上映前的猫眼"想看"人群画像

四、宣传营销

（一）问卷调查与结论分析

本问卷调查旨在深入了解消费者对华强方特品牌的认知、使用体验及满意度，以便为公司的市场策略和产品开发提供数据支持。调查对象涵盖了来自不同 IP 地址、不同年龄、性别和职业背景的消费者，确保了样本的多样性和代表性。

本次调查将为领导者提供关键的市场洞察，帮助其制定更为精准的品牌推广和产品策略，以进一步提升华强方特在消费者心中的影响力和市场竞争力。

第 1 题：您的年龄范围？

结论分析：从数据中可以看出，绝大多数受访者（77.14%）的年龄在 18~25 岁，显示出年轻群体在此次调查中的主导地位。其次，26~35 岁年龄段的受访者占比也相对可观（14.29%），但其他年龄段的比例明显较低，尤其是 36 岁及以上的群体，其合计比例仅为 3.81%。

根据这些数据，可以提出以下改进建议。

（1）扩大受众范围：考虑在未来的调查中，增加对中老年群体的关注和参与，可能通过适当的宣传和激励措施来吸引这一年龄段的参与者。

（2）针对年轻群体的策略：由于年轻人占比极高，可以针对他们的兴趣和需求，设计更具吸引力的产品或服务。

（3）分析年轻群体的行为特征：进一步分析 18~25 岁群体的消费习惯、偏好和行为特征，以便优化市场策略，满足他们的需求。

（4）定期调查：定期进行类似调查，以观察不同年龄段的变化趋势，确保能够及时调整市场策略以适应受众的变化。

第 2 题：您的性别？

结论分析：根据数据可以看出，在参与调查的 105 人中，女性占比 65.71%，男性占比 34.29%。这表明调查样本中女性的比例明显高于男性，可能导致结果偏向女性的观点和需求。

根据这些数据，可以提出以下改进建议。

（1）增加男性参与者的比例，以确保调查结果的代表性和全面性，避免性别偏差对结果的影响。

（2）在未来的调查中，可以考虑邀请更多男性参与，或者在宣传和招募参与者时，特别强调对男性参与的重视，以平衡性别比例。

（3）如果调查的主题与性别相关，建议在分析中对性别进行分层分析，以便更好地理解不同性别群体的需求和看法。

第3题：您的职业？

结论分析：从数据中可以看出，绝大多数受访者为学生，占比达到76.19%。其次是上班族，占比为17.14%，而自由职业者和退休人员的比例则相对较小，分别为5.71%和0.95%。此外，未选择"其他"选项的受访者占比为0，说明受访者的职业类型较为集中。

根据这些数据，可以提出以下建议。

考虑到受访者主要为学生，相关的调查或研究可以更加聚焦于学生群体的需求与问题。例如，学习方式、职业规划等。同时，可以考虑在未来的调查中增加更多职业选项，以便更全面地了解不同职业群体的意见和需求。

第4题：您是否知道华强方特这个品牌？

结论分析：从数据中可以看出，绝大多数受访者（79.05%）对华强方特品牌是熟悉的，仅有20.95%的人表示不知晓该品牌。这表明华强方特在目标受众中具有较高的品牌认知度。然而，仍有近21%的受访者对品牌不熟悉，这提示我们在品牌推广方面仍有提升空间。

根据这些数据，可以提出以下建议。

（1）加强品牌宣传：通过社交媒体、线上广告和线下活动等多种渠道，进一步提升品牌曝光率，特别是在那些尚未了解品牌的受众中。

（2）目标市场分析：深入分析不知晓品牌的受众群体，了解其特征和需求，以便制定更具针对性的营销策略。

（3）合作与联动：与其他知名品牌或活动进行合作，借助其影响力提升华强方特的品牌认知度。

（4）用户体验提升：通过改善用户体验，鼓励已知晓品牌的用户分享和推荐，从而扩大品牌影响力。通过以上措施，可以进一步提升华强方特的品牌知名度，吸引更多潜在客户。

第5题：您是如何了解到华强方特的？（多选题）

结论分析：根据数据可以看出，华强方特的知名度主要来源于电视或网络广告（62.86%）和社交媒体（64.76%），这两项的比例相对较高，表明广告宣传和社交媒体传播对吸引顾客起到了重要作用。朋友和家人推荐也占据了一定比例（40%），显示出口碑传播的影响力。官方网站的知名度较低（22.86%），而"其他"选项的比例微乎其微（5.71%），说明其他渠道对知晓度的贡献有限。

根据这些数据，可以提出以下建议。

（1）加强官方网站的内容更新和宣传，提升其吸引力和用户体验，以增加用户通过官网了解华强方特的机会。

（2）继续利用社交媒体和广告进行品牌推广，同时可以尝试与社交媒体影响者合作，扩大影响范围。

（3）鼓励顾客通过提供推荐奖励等方式，增加朋友和家人推荐的比例，利用口碑效应提升知名度。

第6题：您认为华强方特的主要业务是什么？（多选题）

结论分析：通过数据可以看出，认为华强方特的主要业务集中在主题公园和动画制作上的用户，分别占比68.57%和65.71%。这表明，消费者对其主题公园的吸引力和动画制作的认可度较高。影视作品和文化科技数字娱乐内容的占比相对较低，分别为46.67%和43.81%，显示出这些领域的潜力，但尚未达到与主题公园和动画制作相当的重视程度。文化演出、文创衍生品以及其他选项的比例则明显较小，分别为24.76%、20%和2.86%，说明这些业务在消费者心中的认知度和重要性较低。

根据这些数据，可以提出以下建议。

（1）加强宣传和市场推广：针对影视作品和文化科技数字娱乐内容，提升其市场认知度和吸引力，通过多渠道宣传吸引更多消费者关注。

（2）丰富文化演出和文创衍生品：开发更多与主题公园和动画内容相关的文化演出和衍生品，以提高消费者的参与感和购买欲望。

（3）进行消费者调研：深入了解消费者对不同业务的需求和偏好，以便更好地调整产品线和服务，提升整体业务表现。

第7题：您是否使用过华强方特的任何产品或服务？

结论分析：有68.57%的人选择了"是"，31.43%的人选择了"否"。这表明超过半数的被调查者使用过华强方特的产品或服务，说明华强方特在市场上有一定的用户基础，但同时也有近三分之一的人没有使用过，市场仍有拓展空间。

根据这些数据，可以提出以下建议。

（1）对于已经使用过的用户，可以进一步了解他们的使用体验和需求，以提供更好的产品和服务，增加用户的忠诚度。

（2）对于未使用过的用户，可以加强市场推广和宣传，让更多人了解华强方特的产品和服务，提高产品的知名度和吸引力。

（3）可以通过推出新的产品或服务，满足不同用户的需求，进一步扩大市场份额。

第8题：如果您使用过华强方特的产品，请列出您使用过的具体产品或服务。（多选题）

结论分析：根据数据可以看出，选项中"《熊出没》系列动画片、动画电影"以69.52%的比例成为最受欢迎的产品或服务，其次是"方特主题公园"，占60.95%。这表明受访者对《熊出没》系列的认知和接受度较高，可能与其品牌影响力和市场推广有关。"其他动画作品"和"影视作品"分别占34.29%和33.33%，显示出受访者对多样化内容的需求，但相对较低的比例表明这些选项的吸引力不足，可能需要进一步的市场推广或内容创新。"玩具和周边商品"以17.14%的比例显示出较低的受欢迎程度，而"其他"选项仅占4.76%，表明这些相关产品的市场认知度和需求较弱。

根据这些数据，可以提出以下建议。

（1）加强对《熊出没》系列的市场宣传，利用其品牌优势，推出更多相关产品，吸引目标受众。

（2）对"其他动画作品"和"影视作品"进行市场调研，了解受众偏好，优化内容制作和推广策略。

（3）考虑增加玩具和周边商品的多样性和创新性，以提升其市场吸引力。

（4）收集"其他"选项的具体反馈，了解受访者的需求，针对性地开发新产品或服务。

第9题：您对华强方特的产品或服务的整体满意度如何？（1~5分，1分表示非常不满意，5分表示非常满意）

结论分析：大部分受访者对华强方特的产品或服务整体满意度较高。其中，选择4分（满意）的受访者比例最高，为50.48%；其次是5分（非常满意），比例为23.81%；3分（一般）的比例为19.05%；而选择2分（不太满意）和1分（非常不满意）的占比相对较低，分别为5.71%和0.95%。

根据这些数据，可以提出以下建议。

继续保持并提升产品或服务的质量，以维持较高的满意度水平。对于选择3分及以下的受访者，可以进一步了解他们的具体需求和不满意的方面，进行有针对性的改进。例如，可以通过问卷调查、客户反馈等方式收集更多的意见和建议，以便更好地满足客户的需求，提高整体满意度。

第10题：您对华强方特的品牌印象如何？

结论分析：根据调查数据可以看出，华强方特的品牌印象总体上较为积极。具体来看，53.33%的受访者认为品牌印象"较好"，21.9%的人认为"非常好"，而只有约1.9%的人对品牌印象持负面看法（"较差"或"非常差"）。这表明大多数受访者对华强方特的品牌认知较为正面，但仍有22.86%的人持"一般"态度，说明品牌在提升用户满意度和品牌认知方面还有进步的空间。

根据这些数据，可以提出以下建议。

（1）加强品牌宣传：针对"一般"评价的受访者，可以通过增加品牌宣传和活动来提升品牌形象，让更多人了解华强方特的优势和特色。

（2）收集反馈：针对持"较差"和"非常差"意见的少数受访者，建议进行深入访谈，了解其具体原因，以便进行针对性改进。

（3）提升客户体验：在产品和服务上持续创新，提升用户体验，以吸引更多消费者给予积极评价。

（4）增加互动：通过社交媒体和线下活动与消费者建立更紧密的联系，增强品牌忠诚度。

第11题：您认为华强方特与其他文化娱乐品牌相比有何优势？（多选题）

结论分析：根据数据可以看出，华强方特在文化娱乐品牌中展现出明显的优势，主要体现在丰富的中国传统文化元素（60.95%）和强大的创新能力（60%）上，这两个因素几乎持平，显示出消费者对其文化内涵和创新设计的高度认可。此外，产品质量高（55.24%）也是其一大亮点，说明品牌在提供优质体验方面得到了较好的评价。相对而言，价格合理（35.24%）和服务态度好（24.76%）的认可度较低，可能反映出消费者在这些方面的期望未完全达到。

根据这些数据，可以提出以下建议。

（1）提升服务质量：考虑到服务态度的认可度较低，可以通过培训提升员工的服务意识和技能，增强顾客的整体体验。

（2）优化价格策略：虽然价格被认为合理，但可以进行市场调研，了解消费者的价格敏感度，适当调整价格策略或推出促销活动，以吸引更多顾客。

（3）持续创新：保持和加强在创新能力方面的投入，确保产品和服务的持续更新，以满足市场变化和消费者需求。

（4）加强市场宣传：利用已有的文化和创新优势，进行更有效的市场宣传，提升品牌形象和知名度，吸引更多目标消费者。

第12题：您认为华强方特有哪些需要改进的地方？

结论分析：根据用户填写的开放式反馈，受访者提出的改进方向主要集中在以下四类：

（1）价格合理性：部分用户认为华强方特的门票、周边商品及部分服务定价偏高，尤其是主题公园的门票费用和园区内消费。

（2）宣传力度与渠道覆盖：反馈显示，品牌在二三线城市及海外市场的宣传不足，部分用户通过偶然渠道了解品牌，缺乏主动触达。

（3）服务质量与效率：主题公园的排队时间长、员工服务态度参差不齐是高频提及的问题，部分用户认为园区管理效率有待优化。

（4）产品创新与多样性：用户希望看到更多结合科技（如 VR/AR 互动）和文化深度的体验项目，同时期待更丰富的文创衍生品类型。

根据这些数据，可以提出以下建议。

（1）优化定价策略：针对不同消费群体（如学生、家庭）推出分层定价或套票优惠，定期开展限时促销活动。

（2）强化区域性宣传：在二三线城市通过本地化广告投放（如地铁、公交广告）提升品牌曝光，探索海外市场合作推广。

（3）提升服务效率：引入智能排队系统（如 App 预约制），加强员工服务培训并建立用户满意度考核机制。

（4）加速产品迭代：开发科技与文化融合的体验项目（如沉浸式 AR 剧场），推出限量版文创衍生品以增强吸引力。

第 13 题：您更喜欢哪种类型的华强方特产品或服务？（多选题）

结论分析：从数据分析来看，华强方特的主题公园和动画作品是最受欢迎的产品和服务，分别占总有效选择的 66.67% 和 70.48%。其次是影视作品，选择比例为 51.43%。数字娱乐内容和玩具及周边商品的受欢迎程度明显较低，选择比例分别只有 32.38% 和 20%。另外，选项"其他"没有任何人选择。

根据这些数据，可以提出以下建议。

（1）增强主题公园体验：由于主题公园的受欢迎程度最高，可以考虑增加新的游乐设施或主题活动，以吸引更多游客，提升用户体验。

（2）丰富动画作品内容：鉴于动画作品受到了较高的关注，华强方特可以加大对原创动画的投入，推出更多类型和风格的动画作品，以满足不同观众的需求。

（3）提升影视作品质量：虽然影视作品的选择比例也较高，但仍有提升空间。可以通过与知名导演或编剧合作,提升影视作品的质量和吸引力。

(4)开发数字娱乐内容:数字娱乐内容的受欢迎程度较低,建议华强方特探索新的数字产品,如移动应用或在线互动游戏,以吸引年轻用户群体。

(5)推广玩具和周边商品:由于玩具和周边商品的选择比例最低,可以考虑在主题公园和动画作品中加强相关产品的宣传和销售,增加消费者的购买意愿。

通过这些改进措施,华强方特可以进一步提升其产品和服务的吸引力,满足更广泛用户的需求。

第14题:您是否会继续关注和支持华强方特的产品或服务?

结论分析:从数据来看,对华强方特的产品或服务持积极态度("一定会"和"可能会")的受访者占比较高,达到75.24%。其中,选择"可能会"的比例最高,为52.38%,而选择"一定会"的比例为22.86%。相对而言,持消极态度("可能不会"和"绝不会")的受访者占比较低,占比总和为6.66%。此外,有18.1%的受访者表示不确定。

根据这些数据,可以提出以下建议。

针对选择"可能会"的受访者,可以进一步了解他们的需求和期望,通过改进产品或服务,提高他们转化为"一定会"的比例。对于表示不确定的受访者,需要加强沟通和宣传,让他们更清楚地了解华强方特的产品或服务优势,从而促使他们做出更明确的选择。同时,对于持消极态度的受访者,要关注他们的意见和反馈,找出问题所在并加以改进,以提升整体的满意度。

第15题:您会推荐朋友或家人使用华强方特的产品或服务吗?

结论分析:从数据中可以看出,选择"可能会"推荐华强方特产品或服务的比例最高,达到了53.33%,这表明大部分受访者对该品牌持积极态度。其次,"不确定"选项的比例为23.81%,显示出仍有一部分消费者对品牌的信心不足,可能需要更多的品牌宣传或用户体验来提升信任度。值得注意的是,选择"可能不会"的比例相对较低,为8.57%,而没有人选择"绝不会",这说明大多数受访者对华强方特的态度是中立或积极的,但也反映出仍有少数人对其产品或服务的不满。

为了进一步提高推荐率,华强方特可以考虑以下改进建议。

(1)增强用户体验:通过收集用户反馈,优化产品和服务,提升顾客满意度,进而提高推荐意愿。

(2)增加品牌宣传:通过社交媒体、口碑营销等方式增强品牌的曝光率,增加潜在客户对品牌的认知和信任。

(3)开展促销活动:通过优惠活动吸引新客户体验产品,从而提高他们的推荐意愿。

(4)建立忠诚度计划:鼓励现有客户分享他们的使用体验,给予推荐奖励,进一步促进客户之间的推荐行为。

第16题:您希望华强方特未来推出哪些新产品或服务?

结论分析:用户对华强方特未来产品或服务的期待可归纳为以下四类。

(1)沉浸式文旅体验:如结合地域文化的特色主题园区、夜间实景演出、互动剧本杀等强调参与感和场景化的项目。

(2)数字娱乐内容:用户期待《熊出没》IP的延伸产品,如系列手游、虚拟偶像直播、线上虚拟主题公园等数字化互动形式。

(3)跨界合作与衍生:建议与潮牌、餐饮品牌联名推出限定商品,或设计更具收藏价值的限量版周边(如手办、盲盒)。

(4)教育类产品:用户希望开发寓教于乐的动画短片、科普类互动课程,或与学校合作的亲子研学项目。

根据这些数据,可以提出以下建议。

(1)深化IP应用:围绕《熊出没》开发系列手游及虚拟互动内容(如线上主题乐园),增强用户黏性。

(2)打造文旅融合项目:结合地域文化设计特色沉浸式主题园区(如"狗熊岭"小镇),策划季节性活动(如国风嘉年华)。

(3)推动跨界合作:与知名品牌(如名创优品、泡泡玛特、喜茶)推出联名产品,吸引年轻消费群体。

(4)拓展教育市场:开发科普动画及线下研学课程,覆盖亲子家庭及学校用户，提升品牌社会价值。

本次问卷调查共收集有效问卷 105 份，主要参与者为 18~25 岁的年轻人（77.14%），其中以女性为主（65.71%），大多数参与者为学生（76.19%）。绝大部分受访者（79.05%）对华强方特品牌有一定了解，且 68.57% 的受访者表示使用过该品牌的产品或服务。

在产品和服务的使用方面，最受欢迎的是方特主题公园（60.95%）和《熊出没》系列动画片（69.52%）。整体满意度方面，大部分受访者给出了较高的评分，50.48% 的人给予 4 分，23.81% 的人给予 5 分，显示出较高的满意度。

受访者普遍认为华强方特的优势在于丰富的中国传统文化元素（60.95%）和强大的创新能力（60%）。然而，在需要改进的方面，受访者提到的主要问题包括价格合理性、宣传力度和推广策略。对于未来的产品或服务，受访者对互动体验和文旅项目表现出一定期待。大多数人表示会继续关注和支持华强方特的产品或服务（75.24%），同时也有 53.33% 的人表示会推荐给朋友或家人。

通过本次调查，可以发现消费者对华强方特品牌的认知度较高，且整体满意度表现良好。大多数受访者认为华强方特在文化娱乐领域具有独特的优势，尤其是在中国传统文化元素的丰富性和创新能力方面。此外，受访者对未来产品的期望也提供了宝贵的参考信息。

（二）营销与宣传手段

华强方特的营销与宣传手段，即打造"熊出没"IP 宇宙。

1. 动画：适龄定制，全面覆盖多年龄段

2012 年以来，"熊出没"不断拓展动画矩阵，细化目标受众，针对 0~3 岁、3~6 岁、6~14 岁群体推出了数十部动画片。

2. 电影："全龄向"剧情制作，提升影片视觉体验

"熊出没"在系列电影的剧情制作上，同时满足了儿童和成人的观影需求。

一方面，借鉴《夺宝奇兵》《西部世界》及漫威等经典影视作品，在原有 IP 的基础上引入新的故事线；另一方面，增加三维、UE 等视觉效果。

3. 联名授权：围绕核心受众展开，提升 IP 影响力

2024 年春节期间，"熊出没"和覆盖人群高度重合的游戏《蛋仔派对》联名,推出联动外观和配饰。在形象上设计上,选择熊大、熊二的幼年形象;在出场动画上,展示熊大、熊二的性格特征,充分激发玩家热情。

4. 零售产品+主题乐园:持续挖掘 IP 衍生价值

(1)电商平台销售:"熊出没"在天猫、京东设有官方旗舰店,售卖服装鞋帽、抱枕、箱包、挂件饰品等 IP 衍生品。

(2)线下主题乐园销售:在母公司华强方特旗下的"方特梦幻王国"中,设有"熊出没之森林小屋"。

(3)熊出没主题乐园:2024 年 2 月,"熊出没欢乐港湾"落地浙江临海,是首个以"熊出没"为主题的城市亲子休闲度假景区。

五、产业链

以文化为核心,以科技为依托,打造"创、研、产、销"一体化的文化科技产业链(见图 6-7)。

图 6-7

(一)上游制作

动画:熊出没的动画矩阵,按"适龄定制"理念分为小熊和大熊两个系列,对应儿童启蒙动画和成长陪伴动画。

电影:电影定位"合家欢",在剧情编排、视听效果上,兼顾成人的观影需求,保持每年出一部动画电影的频率。

(二)中游分发

1. 国内:电视台+视频网站

电影、动画在中央电视台少儿频道、爱奇艺、腾讯视频、优酷少儿、芒果 TV 等平台长年稳居热度榜首。

2. 海外：全渠道覆盖

2012 年开始，《熊出没》系列动画在美国、英国、德国、俄罗斯等超过 130 个国家和地区上映，院线、电视台、新媒体实现全渠道覆盖，依次登陆 Disney（迪士尼）、Netflix（奈飞）、Nickelodeon（尼克国际儿童频道）等国际主流媒体。

（三）下游实体

1. 零售商品+品牌授权

"熊出没"实现食住行领域全覆盖。全品类授权已覆盖 20 个行业。与 200 多个知名品牌达成授权，与伊利、蒙牛、麦当劳等建立了品牌长期友好合作。相关产品年销售额超 35 亿元，致力于打造好吃、好看、好玩、好用的产品。

2. 主题乐园

有方特欢乐世界、方特梦幻王国、方特水上乐园、方特恐龙王国等主题乐园项目。

第九节　景德镇陶瓷品牌推广与营销

景德镇原名"昌南镇"，在宋真宗景德年间（1004—1007），皇帝赵恒命人在此制造御用瓷器，底部落款"景德年制"。这些御用瓷器因其"光致茂美"而备受赞誉，四方皆效仿之，于是"天下咸称景德镇瓷器"。景德镇因此而得名，并沿用至今，成为中国乃至世界陶瓷艺术的"千年瓷都"。

一、品牌简介

景陶集团是一家集陶瓷研发、设计、生产、销售和品牌推广于一体的现代化大型国有企业。下辖景德镇红叶陶瓷股份有限公司、江西省陶瓷进出口有限公司、景德镇国瓷馆陶瓷有限公司、景德镇金品陶陶瓷有限公司4个子公司；江西省陶瓷工业公司国家用瓷办公室、景德镇陶瓷协会系集团成员单位。景陶集团具有年生产高档日用瓷、陈设瓷、艺术瓷3000万件（套）的能力，其工艺技术和装备处于国内陶瓷行业领先水平；拥有红叶、金品陶、百花和家好四大品牌。

二、品牌故事

陶瓷，自古与景德镇结下渊源。世界因陶瓷认识了中国，也认识了景德镇。早在公元12世纪，景德镇的瓷器便随着欧洲的船只去到欧洲大陆，以其"白如玉、薄如纸、明如镜、声如磬"的良好质地，受到欧洲上层人士的广泛关注与极度热爱，被誉为"东方白金"。

随着新中国的成立，景德镇的制瓷业走上了崭新的发展道路。享誉中外的景德镇十大瓷厂相继成立。"中华向号瓷之国，瓷业高峰是此都"，正是对瓷都景德镇的真实写照

三、产品特点

（一）外观特点

白瓷如玉：景德镇瓷器以其乳白色调及柔和温润的光泽，宛如天然玉石，早在唐代即享有"仿玉制品"之美誉，其细腻的质感传递出高贵且典雅的气息。

明镜映辉：景德镇瓷器釉面晶莹剔透，光滑如镜，焕发着璀璨光彩，显著提升了器物的观赏性，使其更加亮丽夺目。

轻薄似纸：景德镇瓷器胎体轻薄，宛如蛋壳般细腻滋润，透影性强，且轻盈如同蝉翼与绸纱，这一特点赋予了瓷器极大的便携性与摆放的灵活性。

磬音悠扬：景德镇瓷器胎质清脆，以指轻叩，即发出清脆悦耳的"咚"声，如同乐器中的磬石之音，动人心弦，为使用过程增添了无限的乐趣与享受。

(二）工艺特点

制作技艺精湛：景德镇陶瓷的制作技艺历史悠久，世代相传，其制作过程中需要经过多道烦琐的工序，包括原料选择、成型、施釉、烧制等，每一道工序都需要匠人精湛的技艺和丰富的经验。

装饰手法多样：景德镇陶瓷的装饰手法丰富多样，包括青花、粉彩、颜色釉和玲珑等，这些装饰手法各具特色，使得景德镇陶瓷在外观上更加丰富多彩，满足了不同消费者的审美需求。

创新能力强：景德镇陶瓷在传承传统技艺的基础上，不断进行创新和发展，现代景德镇陶瓷不仅保留了传统风格，还融入了现代元素和时尚设计，使得产品更加符合现代消费者的审美和使用需求。

四、品牌定位

"景德镇制"区域品牌：景德镇陶瓷以其悠久的历史、独特的工艺和卓越的品质而闻名于世，通过打造"景德镇制"区域品牌，提升景德镇陶瓷的整体形象和知名度，增强市场竞争力。

高品质、高文化内涵：景德镇陶瓷品牌定位高品质、高文化内涵，注重产品的艺术性和审美价值，通过融合传统文化元素和现代设计理念，打造具有独特魅力和文化内涵的陶瓷产品。

全球化市场：景德镇陶瓷品牌定位全球化市场，积极拓展海外市场。通过参加国际展览、建立海外销售渠道等方式，将景德镇陶瓷推向世界舞台，提升国际影响力。

五、运营模式

（一）传统销售模式

实体店销售：景德镇拥有众多陶瓷实体店，这些店铺不仅销售各类陶瓷产品，还为消费者提供定制服务。实体店通过精美的产品陈列、专业的销售人员和优质的售后服务，吸引了大量消费者。

批发与分销：景德镇陶瓷企业还通过批发和分销的方式，将产品销往全国各地以及海外市场。这种模式有助于扩大销售渠道，提高产品覆盖率。

（二）电商与直播销售模式

电商平台入驻：景德镇陶瓷企业纷纷入驻淘宝、京东、拼多多等电商平台，开设线上店铺，实现线上销售。电商平台为景德镇陶瓷提供了更广阔的市场和更多的消费者。

短视频与直播销售：随着短视频和直播的兴起，景德镇陶瓷企业开始利用这些新媒体平台进行销售。通过短视频展示陶瓷产品的制作工艺、文化内涵和独特魅力，吸引消费者的关注和购买欲望。直播销售则通过实时互动、现场演示和优惠活动等方式，吸引消费者下单购买。

六、景德镇陶瓷 CIS 设计

（一）理念识别（MI）

景德镇陶瓷企业秉持传承与创新并行不悖的理念，致力于将悠久的陶瓷文化与现代设计理念相融合，创造出既蕴含传统精髓又贴合现代审美的陶瓷精品。

（二）行为识别（BI）

在生产实践中，景德镇陶瓷企业不仅注重工艺的承袭与创新，更弘扬匠人精神，追求细节的极致完美。此外，企业还积极承担社会责任，致力于陶瓷文化的传承交流与广泛传播。

（三）视觉识别（VI）

标志特色：景德镇陶瓷的标志设计常巧妙融入陶瓷元素与传统文化符号，如经典的青花瓷纹样、精致的陶瓷造型等，以此彰显其深厚的品牌底蕴与文化特色。

色彩搭配：在色彩运用方面，景德镇陶瓷巧妙结合传统与现代，以青翠、洁白、蔚蓝等色彩为主，营造出一种清新雅致、古朴典雅的视觉氛围。

包装风格：景德镇陶瓷的包装设计同样独具匠心，通常采用简约而不简单的设计理念，将陶瓷产品的美学价值与实用价值巧妙融合，展现出极高的设计水准。

七、产业链分析

（一）产业链上游

矿产资源：景德镇地域蕴藏着丰富的陶瓷制造所需矿产资源，涵盖黏土、长石及石英等多种关键原料。其中，黏土作为陶瓷制品的核心成分，以其优异的质地和丰富的矿物质含量，成为打造高品质陶瓷的坚实基石。长石富含多样微量元素，能有效提升陶瓷的色彩表现与硬度，是制造高端陶瓷不可或缺的材料。石英则凭借高强度与高熔点的特性，显著增强了陶瓷的耐磨性和抗热冲击性能。

原材料质量：景德镇地区的陶瓷原料表现出色，黏土的高矿物质含量与长石的多元微量元素，共同为生产高精度陶瓷提供了强有力的支撑。此外，这些原料还展现出良好的可塑性与稳定性，能够灵活适应多样化的生产工艺与严格的产品质量标准。

供应稳定性：景德镇地区的陶瓷原材料供应相对稳定，能够满足大部分陶瓷生产企业的需求。然而，由于陶瓷原材料开采和加工受到天气、政策等因素的影响，偶尔会出现供应紧张的情况。陶瓷原材料的价格也受到市场波动的影响，可能会对企业的生产成本造成一定的影响。

（二）产业链中游

现代化生产技术：景德镇陶瓷产业的持续发展，关键在于其生产加工环节的逐步现代化。近年来，众多景德镇陶瓷企业积极引进先进生产设备，诸如自动化生产线与智能机器人等，这些设备的采纳显著提升了生产效率，并有效缩减了人力成本。此外，景德镇陶瓷产业亦高度重视先进工艺技术的引进，例如数字化雕刻与激光雕刻技术，这些技术能够精确复制并创造出各类复杂图案与形状，赋予产品更高的精美度与独特性。同时，景德镇陶瓷产业还着力推行环保生产理念，通过运用先进的环保材料与技术，显著降低了对环境的污染。

定制化生产趋势：随着消费者需求的日益个性化和多元化，定制化生产已成为景德镇陶瓷产业的一大显著趋势。消费者能够根据个人喜好与需求，定制出独具匠心的产品。景德镇陶瓷企业则依据客户的具体要求，展开个性化设计与制作，精准满足消费者的独特需求。这种定制化生产模式不仅显著提升了产品的附加值，还加强了企业与消费者之间的沟通与互动。此外，定制化生产还有助于企业精准把握市场需求，有效避免库存积压与资源浪费现象的发生。

优化策略：为了提升生产加工效率及产业竞争力，景德镇陶瓷产业着手进行产业链的全面整合与升级。通过强化上下游企业的协同合作，实现了资源的有效配置与优势互补。在原材料供应层面，景德镇陶瓷企业与供应商构建了稳固且持久的合作关系，有力保障了原材料的优质与稳定供应。在生产流程中，企业致力于优化作业程序，提高生产效率，从而降低了生产成本。至于销售环节，景德镇陶瓷企业积极拓展国内外市场，构建起了全面的销售体系，为产品的市场推广提供了坚实的支撑。

（三）产业链下游

随着互联网的广泛普及与电子商务的迅猛发展，景德镇陶瓷产业正积极开拓线上销售的新路径，通过构建官方网站、入驻主流电商平台等多种途径，将陶瓷产品推向全国乃至全球的消费市场，电子商务销售模式的显著优势在于能够打破地域壁垒，削减销售成本，并显著提升销售效率，截至目前，诸如皇窑等知名品牌已成功转型线上销售，并占据了总体销售额的显著份额。未来，随着电商平台的持续优化与消费者购物偏好的变迁，线上销售渠道将成为景德镇陶瓷产业不可或缺的重要一环。

景德镇陶瓷产业除拓展线上销售渠道外，亦重视线下实体店的布局策略，通过设立实体店、组织展览、参与博览会等形式，为消费者创造亲身体验的机会，进而增强产品的魅力与竞争优势。此外，景德镇还积极寻求与国际知名品牌及采购商的合作契机，推动产品迈向国际市场，这种线上线下交织的销售模式，不仅回应了消费者多元化的需求，还显著提升了产品的市场认知度与竞争力。

批发零售模式方面，景德镇陶瓷产业主要依托传统的批发路径，即将产品批量供应给经销商、代理商等中间环节，再由其进行后续的零售分销，此模式能够迅速扩大销售版图，触及更广泛的消费群体，同时，景德镇亦重视与大型零售商及采购商的深度合作，通过定制化生产、规模化生产等手段，精准满足其特定的需求。

八、调查问卷

（1）您的性别？

A. 男　B. 女

（2）您的年龄范围？

A. 18岁以下　B. 18~24岁　C. 25~34岁　D. 35~44岁　E. 45岁及以上

（3）您的职业？

A. 学生　B. 上班族　C. 自由职业者　D. 企业主　E. 退休人员

（4）您对陶瓷的了解程度如何？

A. 非常了解　B. 了解一些　C. 听说过但不了解　D. 完全不了解

（5）您通常通过什么渠道了解陶瓷品牌？（多选题）

A. 朋友推荐　B. 社交媒体　C. 线上广告　D. 实体店　E. 其他

（6）您是否曾购买过景德镇陶瓷产品？

A. 是　B. 否

（7）您购买景德镇陶瓷的主要原因是什么？（多选题）

A. 质量好　B. 设计独特　C. 价格合理　D. 文化价值　E. 其他

（8）您认为景德镇陶瓷品牌在市场中的竞争力如何？

A. 非常强　B. 较强　C. 一般　D. 较弱　E. 非常弱

（9）您对景德镇陶瓷的价格接受程度是？

A. 非常接受　B. 接受　C. 一般　D. 不太接受　E. 完全不接受

（10）您更倾向于购买哪种类型的陶瓷产品？

A. 餐具　B. 装饰品　C. 礼品　D. 工艺品　E. 其他

（11）您在购买陶瓷产品时最看重哪些因素？（多选题）

A. 品牌　B. 价格　C. 质量　D. 设计　E. 其他

（12）您认为景德镇陶瓷品牌的宣传方式有效吗？

A. 非常有效　B. 有效　C. 一般　D. 无效　E. 完全无效

（13）您是否关注过景德镇陶瓷的相关活动？

A. 是　B. 否

（14）您希望景德镇陶瓷品牌在哪些方面进行改进？（多选题）

A. 增加产品种类　B. 提高产品质量　C. 降低价格　D. 加强品牌宣传

E. 其他

（15）您通常通过什么平台购买陶瓷产品？（多选题）

A. 官方网站　B. 电商平台　C. 实体店　D. 社交媒体　E. 其他

（16）您对景德镇陶瓷的整体满意度如何？

A. 非常满意　B. 满意　C. 一般　D. 不满意　E. 非常不满意

（17）您会向他人推荐景德镇陶瓷品牌吗？

A. 一定会　B. 可能会　C. 不确定　D. 可能不会　E. 一定不会

（18）您对景德镇陶瓷品牌的未来发展有何看法？

（19）请您分享您对景德镇陶瓷品牌的其他意见或建议。

第十节　"只有红楼梦·戏剧幻城"文化艺术品牌推广营销分析

一、精神内核

"只有红楼梦·戏剧幻城"的导演王潮歌的核心构想为：不做《红楼梦》文本本身，而做阅读《红楼梦》的人。"只有红楼梦·戏剧幻城"并非只是一个艺术作品，它能够为当地的文化做出某种解释。"只有红楼梦·戏剧幻城"

可以拆分成"只有""戏剧""红楼梦""幻城"四个部分理解。

二、IP 形象

"王潮歌"和"红楼梦"两大知名 IP 的强强联合,为"梦廊坊"文旅注入了强大的文化内核,通过演绎再现"红楼梦"文化经典,用当代的表达方式,让游客深度体验中华民族的文化精髓和传统的东方生活美学,塑造当代最具创新性的沉浸式文旅。

王潮歌是国内艺术导演的代表人物之一,是开中国实景演出先河之人,也是中国文旅演艺的先行者和实践者,代表作品有《印象刘三姐》、"又见系列"、"只有系列"等。

三、所属企业

"只有红楼梦·戏剧幻城"属于新绎控股有限公司。该项目由新绎控股有限公司投资,是河北省与文化和旅游部合作的省部级项目——梦廊坊国际戏剧公园的重要组成部分。此外,新绎控股有限公司在新奥集团旗下生活板块中扮演重要角色,聚焦"居家"和"出行"两大场景,涵盖人文、山岳、海洋等景致类型。

四、新媒体宣传营销

线上直播,美团、携程、去哪儿网等 OTA 平台及抖音、小红书等新媒体平台共同直播开票。网评褒贬不一,以下是上述营销的缺点与不足。

(1)过度用团购达人,导致用户看到的几乎全是团购链接。

(2)达人创作内容过于商业化,容易引起消费者逆反心理,拉低剧场档次。

(3)达人创作内容同质化严重,大部分是游戏攻略,优质视频极少。

(4)达人所属领域单一,探剧场草草了事。

(5)所选地域局限性大,无法实现大范围推广。

五、运营现状

"只有红楼梦·戏剧幻城"运营状况良好。

游客接待量:自开城以来,"只有红楼梦·戏剧幻城"吸引了大量游客,单日游客接待量最高超过 1.5 万人次,累计完成戏剧演出 1.45 万场,观演总人数超 460 万。

游客反馈:游客"只有红楼梦·戏剧幻城"对幻城的评价普遍较高,认为剧场演出和情景园林设计新颖,富有创意,提供了丰富的文化消费体验。

经济效益:虽然具体盈亏数据未公开,但从游客接待量和游客反馈来看,"只有红楼梦·戏剧幻城"在运营上取得了成功,有望成为华北地区乃至全国的文化旅游新地标。

六、选址原因

地理位置优势:廊坊地处京畿之地,距离北京市区仅 45 公里,离大兴机场半小时车程,交通便利,便于吸引京津冀地区的游客;同时交通便利,方便物流和游客流动。

文化资源丰富:廊坊拥有丰富的戏剧文化资源,如京剧、评剧、河北梆子等经典剧种,为戏剧幻城提供了良好的文化背景和资源支持。

交通便利:廊坊交通便利,距离北京市区近,便于游客前往,同时也方便物流和人员流动。

七、廊坊的文化艺术特色

廊坊地处京畿之地,京畿文化、运河文化、长城文化、宋辽文化在这里交汇,孕育出丰富多彩的戏剧文化资源。廊坊充分挖掘文化资源优势,围绕打造戏旅之城,将艺术元素融入旅游产品开发和城市形象展示,全力建设"百里戏廊",使戏剧与文旅实现融合共生。

八、调查问卷问题设置

问题一：您去过"只有红楼梦·戏剧幻城"吗？

问题二：您怎么知道"只有红楼梦·戏剧幻城"的？

问题三：您是红学爱好者吗？

问题四：您对"只有红楼梦·戏剧幻城"的体验感如何？

问题五：您认为它的优缺点有哪些？

问题六：您认为"只有红楼梦·戏剧幻城"门票价格贵吗？

第十一节　从文化产业角度分析音乐剧《基督山伯爵》中文版品牌营销策略分析

一、品牌基本信息

（一）原著基本信息

《基督山伯爵》的作者是法国的亚历山大·仲马（大仲马）。小说创作于一个政治动荡的年代，大仲马将这一时期社会生活的大背景作为小说创作的主要背景。小说跨越了波旁王朝的复辟以及七月王朝这两大时期，以主人公唐泰斯被人陷害入狱直至最后完成复仇作为贯穿整部作品的主要线索，故事以人物曲折命运的设计侧面展示法国社会的动荡不安。

1842年，大仲马在地中海游历，途中对基督山岛产生了兴趣，打算以它为主题写一部小说。他在1838年出版的《关于路易十四以来巴黎警察局档案的回忆录》中，读到了一个《复仇的金刚钻》的故事，内容是巴黎一个制鞋工人将要结婚时，被一个嫉妒他的朋友诬告而入狱七年，出狱后得到一个米兰教士的照顾，并在教士死后获得了一个秘密宝藏，然后他化装回到巴黎复仇，最后自己也被人杀死。大仲马在仔细研究了这份资料后，着手创作了《基督山伯爵》。

1814年至1838年，法国境内有两大争权夺利的党派——保皇党和拿破仑党，他们分别支持路易国王和拿破仑。小说中的主人公爱德蒙·唐泰斯就是在这个大背景下，被诬陷为拿破仑党而被当局逮捕的。

主人公爱德蒙·唐泰斯是一位年轻有为、善良正直的大副，刚刚出海归来的他，因为优异的表现，深受船长的器重，有望晋升为船长，并且即将迎娶心爱的未婚妻梅塞苔丝，未来看起来是那么的充满希望与光明。然而，在他即将过上美好幸福的生活时，有两个人却因此产生了强烈的嫉妒：一个嫉妒他即将拥有船长的邻居，一个觊觎他未婚妻美色的费尔南。当他被捕后，法官维尔福为了保全自己（前两人伪造的告密信牵涉维尔福之父），利用自己的职务便将唐泰斯关进了监狱。

在狱中，爱德蒙·唐泰斯结识了狱友兼恩师法里亚神父。神父将毕生所学传授与他，并在临终时告之爱德蒙·唐泰斯基督山宝藏之秘密。爱德蒙·唐泰斯越狱后，找到了宝藏，成为巨富，从此化身睿智深沉的基督山伯爵，经过精心策划，报答了恩人，惩罚了仇人。

（二）音乐剧改编

音乐剧《基督山伯爵》中文版（以下简称音乐剧《基督山伯爵》）是2022年由北京演艺集团出品、上海文化广场剧院管理有限公司联合出品，北京歌剧舞剧院制作而成的。它作为北京演艺集团旗下北京歌剧舞剧院音乐剧团成立后引进的首部大型经典IP音乐剧作品，也是北京演艺集团为繁荣国内演出市场、发展本土音乐剧产业，从顶层战略布局谋篇、全面发力音乐剧板块而重点打造的大型音乐剧项目。为了保证作品品质，音乐剧《基督山伯爵》成功邀请到了包括原版制作人、导演、编舞、舞美设计、灯光设计等俄方核心主创全程参与，以确保呈现原汁原味的作品风貌，在保留剧目经典精华的同时，增加了中国美学的风情。灯光、舞美、译配、编舞并非简单的复刻原版，更是做出了"全方位"的汉化和提升，可以从"转折""对比""映照""伪装"四个角度进行解析。

转折：整部剧以人物命运的各种转折作为线索，并没有用常规的记叙手法，而是将主要人物的各个人生转折点排列在时间轴上进行演绎。爱德蒙的归来和与梅塞苔丝的热烈相爱点燃了费尔南心中妒火；美好的婚礼是爱德蒙、梅塞苔丝、费尔南、维尔福几个主要角色后续人生的转折点，从那以后两个悲恸欲绝，两个升官发财；音乐剧略去了监狱中具体的教导过程，以遇见法利亚神父、诀别法利亚神父和被贝尔图乔救起为转折点；最后以假面舞会上所有主要角色的人生天翻地覆为转折点，在这场舞会上费尔南、维尔福两个人的恶被当众揭穿，两个光鲜的公子失去曾经敬爱的父亲，混不吝的贝内代托找到了亲生母亲，梅塞苔丝终于发现了十几年前摧毁她一生的谎言，伯爵与所爱之人永别。

对比：大量的群舞所扮演的舞会客人在戏里成为千夫所指的"千夫"，对费尔南、维尔福、贝内代托、伯爵身份揭示前后以截然不同的舞蹈表演和唱词做出了鲜明的态度对比。在舞会刚开始的时候，他们称赞费尔南为"伟大的人""伟大的战神"，又在他摘下虚伪的面具后指着鼻子唾弃；他们会骂贝内代托"蠢得像头猪"，在维尔福活埋自己亲生儿子的罪恶被揭穿后立马转变态度；他们还会在看完别人的笑话之后继续撕扯下一个人的伤疤。整个舞会的高潮段落就这样在一个个前后对比中，完成了伯爵的复仇。还有一个对比则是维尔福对瓦伦蒂娜和贝内代托的不同态度。被他抛弃的孩子"像根浮萍"，而他却站在居高临下指点贝内代托不堪人生的队伍中；被他宠爱长大的小女儿却善良又有怜悯之心，当他轻声细语地对瓦伦蒂娜悉心教导时，贝内代托就站在不远处看着听着。下半场开场，就在梅塞苔丝朝着伯爵问出那句"过去就那么不堪吗"的时候，她一定是满怀着过去美好回忆向所爱之人提出这个问题的，然而已经在伊夫堡监狱的十几年中磨平了希望，满怀痛苦回忆的伯爵回答"是的"，意为：那段在你看来那么美好的过去，对我而言就是这么不堪。

映照：年轻小情侣们在原著中交集不多，在音乐剧中通过建立情侣关系，让他们成为推动剧情发展的工具人，也将两个家庭的关系绑得更紧密，在唱段和关系上与4位主要角色互为映照。爱德蒙与梅塞苔丝，阿尔贝与瓦伦蒂娜，这两对是曾经相爱的情侣与正热恋的小情侣，分别演绎了《海角天边》，同样都是从海上归来的男孩，同样是欣喜等待的女孩，相同的旋律演绎着同样相爱的故事，梅塞苔丝在不远处看着他们的时候，应该也会忍不住想起过去的美好时光，不免喜忧参半。费尔南与维尔福，阿尔贝与瓦伦蒂娜，两个犯下罪恶的父亲在《时代犯下的罪行》中不断向万能的神呼喊："无论谁面对我的抉择都会做这样的决定。"强调"错不在我，是时代的罪行"，试图蒙骗神，合理化自己的恶。他们的孩子在《何方的神》中则不断质问"为何让我承受这丑闻"，"你是何方的神"，"你凭什么审判这一切"。不但体现了爱德蒙在这两个时期的身份变化，也映照了父代身上的自私利己。

伪装：每个人脸上都有两张面具，一张隐藏自己的面容，一张隐藏自己不堪的过往。"衣着光鲜，乔装打扮，掩饰了罪恶和欺骗。"伯爵用黄金钻石、锦衣华服隐藏自己痛苦的过往和复仇之心，费尔南用光辉战绩隐藏自己的卑鄙背叛，维尔福用正颜厉色的君子模样掩饰自己活埋他人人生的事实，而在故事的最后，每个人的伪装都被彻底揭开。

（三）品牌 CIS 设计

音乐剧《基督山伯爵》的企业理念可以视为这部作品的核心价值观和艺术追求。

1. 理念识别（MI）

社会使命：通过音乐剧的形式，传承和弘扬经典文学作品《基督山伯爵》中的爱与复仇、等待与希望，致力于为观众带来艺术享受和心灵震撼。

事业领域：音乐剧《基督山伯爵》的主创团队专注于音乐剧的创作、制作和演出，致力于将之打造成中国音乐剧领域的优质作品。

价值取向：音乐剧《基督山伯爵》追求艺术品质与观众体验的完美结合，注重创新与传统相结合的艺术风格。

2. 行为识别（BI）

制作方面：团队注重对剧本的改编和音乐的创作，力求在保留原著精髓的基础上进行本土化创新。同时，注重舞台设计、服装道具等细节，力求为观众呈现一场视觉和听觉的盛宴。

演出方面：这部剧的演员阵容非常优秀，他们通过精湛的演技和深情的演唱，将剧中人物的情感和故事生动地呈现在观众面前。非常注重与观众的互动和沟通。

推广方面：音乐剧《基督山伯爵》的宣传推广采用了线上线下相结合的方式，进行广泛的宣传和推广。利用社交媒体、官方网站、短视频平台等渠道发布作品的演出信息、相关幕后花絮等，以此吸引观众的关注和兴趣。同时，线下与各大剧院、演出机构等合作，开展多场主演见面会、签售会等，拓展演出市场和观众群体。

3. 视觉识别（VI）

标志设计：音乐剧《基督山伯爵》的标志设计为了贵气又庄重的金色，图案是爱德蒙被关押监狱通风窗口的样子，有一种阳光正在艰难地从狭小窗子透进来的样子，明明是华丽的金色，图案却是囚笼，表达了爱德蒙复杂的经历和悲苦的命运。

海报设计：音乐剧《基督山伯爵》的定妆海报，每个角色的不同时期都集中在上面，旁边的歌词表达了他们的心声，基督山伯爵为复仇而来，梅塞苔丝在被欺骗中失去了从前的天真烂漫，费尔南和维尔福这两个剧中一切痛苦的缔造者，为了自己的利益不择手段，一直到最后都还在试图为自己开脱。他们的后代们本是正义善良之人，却还是被卷入这场来自他们父辈的纠纷，饱受折磨。

舞台设计：舞台设计是音乐剧的重要组成部分，这对于塑造品牌形象具有重要意义，音乐剧《基督山伯爵》的舞台设计中加入了很多现代技术手段，更好地还原了小说中的场景描写，不论是质朴的马赛海边、地狱一般的囚牢还是华美的舞会现场，均带给观众无与伦比的视听盛宴。

二、品牌运营与产业发展

（一）PEST 分析

1. 政治因素（political）

政策支持：2023 年年初，中国政府宣布支持音乐剧行业的发展，其扶持政策包括出台税收优惠、免税政策以及新建音乐厅等，这些政策的实施将使音乐剧在国内发展得更快，并有助于促进整个音乐剧市场的发展，比如为推动优秀音乐剧作品和人才不断涌现，促进音乐剧事业繁荣发展，2023 年，中央和地方政府共投入超过 10 亿元用于音乐剧演出项目的补贴，中华人民共和国文化和旅游部于 2023 年 9 月至 10 月在福建省厦门市举办了第二届全国优秀音乐剧展演；2023 年 6 月 19 日，南京市还开始了第二批文旅消费政府补贴演出剧目评审工作，话剧《直播开国大典》、音乐剧《剧院魅影》等共 37 部剧获得补贴，补贴额度从 5% 到 30% 不等。

版权保护：版权法律的完善程度直接影响音乐剧的知识产权保护，进而影响创作者的积极性和投资者的回报。新修订《中华人民共和国著作权法》对音乐产业的法律保护进行了几方面的修订，加强司法与执法力度，以保障音乐产业健康发展；同时音乐产业应积极拥抱新科技，以保证自身在新科技发展过程中获取应得利益。

国际关系：为了尽可能地全面还原原作精神，音乐剧《基督山伯爵》邀请了原班俄罗斯音乐剧制作团队担任指导顾问，力求在实现本土化创新改革的同时保留原作内涵。在中俄庆祝建交 75 周年之际举办"中俄文化年"活动的背景下，音乐剧《基督山伯爵》独有地融合了汉语言"诗性魅力"与"俄式美学"鲜明厚重的独特审美特质，使得观众得以更容易地被代入剧情之中，与剧中角色一同嬉笑怒骂，共赴一场跌宕起伏的复仇之旅。

2. 经济因素（economic）

市场需求：随着文化消费水平的提高，观众对高质量音乐剧的需求不断增加，为音乐剧《基督山伯爵》等经典 IP 提供了市场基础。2022 年年末正好是疫情防控政策调整下降的时候，当时北京线下文艺演出市场开始复苏，也为音乐剧《基督山伯爵》进入市场带来机会。

经济周期：经济周期的变化会影响观众的消费能力和意愿，进而影响音乐剧的票房表现。数据显示，2024 年中国音乐剧市场已经取得了显著成绩。2024 年 1 月至 10 月，全国音乐剧演出场次达到 1.36 万场，同比增长 5.5%；票房达到 13.96 亿元，同比增长 26.7%；观众人数达到 582.13 万人次，同比增长 4.6%。这一增长趋势预计将在 2025 年持续，音乐剧市场规模将进一步扩大。预计未来几年，音乐剧市场规模将继续保持稳定增长。

市场投资：随着市场的扩大，越来越多的资本开始涌入音乐剧演出行业。2023 年，该行业的总投资额达到了 70 亿元，同比增长了 25%。政府和企业的支持起到了重要作用。例如，上海市文化局在2023年推出了多项扶持政策，吸引了多家知名制作公司和剧院入驻，进一步推动了市场的繁荣。

3. 社会因素（social）

审美观念：观众的审美观念和文化素养对音乐剧的接受度和评价具有重要影响。在当前教育水平提高、多元文化普及、文化消费升级的浪潮中，观众对文化产品的品质要求也越来越高。音乐剧作为一种高品质的文化产品，其制作和演出都需要投入大量的资金和精力，正是这种对品质的极致追求，使得音乐剧能够呈现出独特的艺术魅力和文化价值，满足观众对高品质文化产品的追求。

社会价值观：大仲马的小说《基督山伯爵》被戏称为"爽文"的"天花板"，基督山伯爵归来后，一一报复了当年陷害自己的恶人，"善有善报，恶有恶报"的故事走向正是现在人们喜爱的"爽感"所在。不过，当故事呈现在舞台上，观众除了能感受到复仇的快感，还能明显为人性的幽深多面而唏嘘。基督山伯爵回归后，当年陷害他的人们也有了后代，上一辈的恩怨情仇在下一代人身上留下痕迹，难以挣脱的宿命感油然而生。音乐剧《基督山伯爵》所传达的关于复仇、救赎和希望的主题，与当前社会的价值观相呼应，有助于引发观众的共鸣和思考。

4. 技术因素（technological）

舞台技术：现代舞台技术的发展，如LED大屏幕、全息投影等，为音乐剧提供了更加丰富的表现手段，提升了观众的观剧体验。同样因为现代舞台技术的发展，音乐剧制作和演出的成本逐渐降低，效率不断提高。这更加有助于推动音乐剧行业的供给增加，满足更多观众的需求。

数字技术：数字技术的应用，在线售票、电子剧院、虚拟现实等技术进一步丰富了音乐剧的呈现方式和观演体验。数字化转型将推动音乐剧行业的创新发展，为观众带来更多元化的观演选择。

音频技术：音乐自然是音乐剧的重要灵魂之一，高质量的音频技术确保了音乐剧在音乐和对话方面的清晰度和表现力，提升了整体的艺术效果。

(二) SWOT 分析

1. 优势（strengths）

经典原著基础：大仲马的《基督山伯爵》无疑是一座文学的丰碑，原作具有深厚的历史背景和丰富的故事情节，为音乐剧提供了坚实的文学基础。爱德蒙·唐泰斯从年轻水手到复仇伯爵的传奇经历，揭示了等待与希望，探讨了命运与人性的复杂关系，引发了观众对爱情、忠诚和复仇的深刻思考。

高质量的制作：该剧在音乐、舞蹈、舞美设计等方面都表现出色，具有极高的艺术水准。其荡气回肠的音乐编排、恢宏多变的舞蹈场面以及精美的舞美设计，为观众带来了一场美轮美奂的视听盛宴。原版制作人、导演、编舞、舞美设计、灯光设计等俄方核心主创加盟，全面再现了原版品质。中方主演主创阵容群星集结，除阿云嘎、于毅、叶麒圣、娄艺潇、徐瑶、徐丽东在内的众多国内一线音乐剧演员外，来自中国歌剧舞剧院的专业舞者们和中国杂技团的杂技演员们，也为该剧增光添彩。

广泛的受众基础：中国拥有丰富的文化资源、广阔的艺术市场、水准不断提高的艺术家，《基督山伯爵》原著拥有广泛的读者基础和深厚的文化底蕴。这些都使得在演出时能够吸引更多的观众，这为音乐剧提供了潜在的观众基础。

2. 劣势（weaknesses）

部分音乐旋律平淡：虽然该剧整体音乐编排已经非常不错，但因为俄罗斯原版音乐剧实在是过于深入人心，而且中国音乐剧行业还处于一个初级发展阶段，目前我们的音乐剧质量和西方相比依然有很大一段差距，所以该剧上映后还是有部分观众认为其旋律不如一些西方经典音乐剧那样深入人心，朗朗上口，似乎还是缺乏一些能让人印象特别深刻的旋律片段。

场景有限和道具节省：《基督山伯爵》原著是一部长篇小说，时间线非常长，为了将其改编为舞台剧，时长压缩成150分钟左右，剧作不得不进行大量的删减和改编，同时为了节省成本，在场景和道具方面可能略显节省，投影使用较多，虽然实际的舞台效果呈现还是不错，但没有真实物品质感，还是稍显遗憾。

3. 机会（opportunities）

市场拓展：音乐剧作为一种融合了音乐、戏剧、舞蹈等多种艺术形式的综合性艺术，以其独特的艺术魅力和文化价值，吸引了越来越多的观众。观众对于音乐剧的创新性和多样性也提出了更高的要求，这推动了音乐剧行业在内容、形式和技术上的不断创新和发展。音乐剧创作者和制作团队在保持传统艺术魅力的同时，积极引入现代元素和流行文化，使音乐剧更加贴近时代、贴近观众。音乐剧《基督山伯爵》通过一轮轮的全国巡演和积极的市场推广和营销，可以吸引更多的观众走进剧院，欣赏这部用心制作的好剧。

4. 威胁（threats）

竞争激烈：在市场竞争方面，中国音乐剧市场呈现出多样化的竞争格局。市场上既有引进的国外经典音乐剧，也有本土原创音乐剧。这些作品各具特色，竞争激烈。一方面，引进的国外经典音乐剧凭借其成熟的制作技艺和广泛的品牌影响力，在市场上占据了重要地位；另一方面，本土原创音乐剧则通过深入挖掘中国传统文化元素和现代都市生活题材，积极寻求差异化发展。为了在市场中脱颖而出，音乐剧《基督山伯爵》需要的是保持初心，不断创新和提升自身品质。

观众口味变化：随着观众审美水平的提高和口味的变化，对音乐剧的内容和形式也提出了更高的要求。音乐剧行业需要不断创新，以满足观众的不同需求。这包括尝试不同的表演风格、引入先进的舞台技术等，以满足观众的需求。如果无法及时适应这种变化，可能会面临观众流失的风险。

（三）运营模式

1. 制作与出品

音乐剧《基督山伯爵》制作团队在音乐剧产业中具有丰富的资源和经验，且体现了多方合作的运营模式。

2. 主创与演员阵容

制作人：北京歌剧舞剧院音乐剧团团长阿云嘎担纲制作人，他同时也是该剧的主要演员之一，负责整体项目的策划、执行和协调。

主创团队：包括舞台导演、编舞、音乐总监、歌词译配、灯光舞美总监、音响顾问等国内舞台艺术各领域的代表性创作者。此外，还有俄方包括灯光总监、合唱指导在内的工作团队提供远程技术支持。同时，中方团队也参与了舞台设计的全过程，包括灯光舞美总监任冬生、音响顾问金少刚等国内舞台艺术各领域的代表性创作者。

演员阵容：该剧汇集了国内一线音乐剧演员和高专业水准的舞者，包括阿云嘎、于毅、叶麒圣、娄艺潇等。

3. 本土化改编

剧本改编：音乐剧《基督山伯爵》改编自法国作家大仲马的同名小说，并进行了合理的本土化改编，以适应中国观众的审美需求。

歌词译配：歌词译配采用"敲点"的方式完成，根据歌曲的韵律确定歌词节奏，再根据节奏填词，确保中文歌词的流畅性和美感。

舞台技术与舞美设计：结合中方团队的实力与俄方技术支持，该剧在舞台技术和舞美设计方面进行了创新，为观众带来了震撼的视听体验。

4. 宣传推广

发布会与宣传：通过发布会、主演见面会、社交媒体、剧院海报等多种渠道进行宣传和推广，提高剧目的知名度和影响力。线上线下的多种渠道，主演在自己的自媒体账号上积极宣传，在颁奖典礼和晚会上演绎剧中曲目，提高音乐剧的知名度和影响力。

全国巡演：和国内的票务平台合作，比如猫眼、大麦等，确定演出时间、地点和演员阵容，制定票价策略，通过票务平台进行销售。同时，做好演出前的准备工作，如场地布置、演员化妆与服装准备等。如今已经在全国范围内进行了多轮巡演，2024 年已经是该剧的第三轮全国巡演，包括上海、南京、成都、北京等多个城市，吸引了大量观众前来观看。

观众反馈与互动：通过观众反馈和互动活动，收集观众意见和建议，三年来不断优化剧目质量和服务水平。

5. 商业品牌效应

商业合作：该剧与多个品牌进行商业合作，包括马爹利、摩可纳咖啡、Bobbi Brown、首旅、如家等品牌。这些赞助商不仅为音乐剧提供了资金支持，还参与了首映礼和巡演活动，进一步提升了音乐剧的影响力和知名度品牌效应：随着该剧的成功演出和推广，逐渐形成了自己的品牌效应，开发了一系列剧目相关衍生品，包括场刊、剧场包、明信片、扑克牌等，制作精良，深受剧粉喜爱，这些衍生品的销售也是剧目的收入之一，为未来的音乐剧项目奠定了良好的基础。

（四）产业链条

音乐剧行业产业链是一个错综复杂且完整的生态，它涵盖了从创作与制作、表演与呈现，到票务销售与衍生品开发等各个环节。这一链条的每一个环节都紧密相连，共同维系着音乐剧行业的持续繁荣与发展。

1. 上游产业

在上游产业环节，音乐剧的品质和风格得以孕育和塑造。剧本创作、音乐创作和舞蹈编排等核心工作，要求创作者具备高超的艺术水平和丰富的创作经验。剧本作为音乐剧的灵魂，需要深入挖掘故事内涵，塑造鲜明的人物形象，以吸引观众的关注。同时，音乐创作和舞蹈编排则需要将剧本的情感和情节通过音乐和舞蹈的形式表达出来，营造出独特的艺术氛围。这些工作都需要创作者们投入大量的时间和精力，以确保音乐剧作品的艺术价值和市场吸引力。

2. 中游产业

中游产业环节是音乐剧产业链的核心部分，它负责将上游的创作成果转化为实际的演出产品。演员选拔、排练、舞美设计和宣传推广等关键环节，需要专业的制作团队和高效的运营管理能力。演员选拔是确保音乐剧演出质量的重要环节，需要找到适合角色的演员，并让他们充分理解角色的内心世界。排练则是将各个元素融合在一起的过程，需要导演、演员、音乐家和舞蹈家等各方紧密合作，共同打造出色的演出效果。舞美设计则需要通过灯光、布景和服装等手段，营造出与音乐剧情节相契合的视觉效果。同时，宣传推广也是至关重要的一环，需要通过各种渠道吸引更多的观众前来观看。

3. 下游产业

下游产业环节是音乐剧产业链的重要延伸，它负责将音乐剧演出转化为经济收益和品牌价值。线上票务平台、剧院售票和音乐剧周边商品等关键环节，需要良好的市场渠道和营销策略。线上票务平台提供了便捷的购票方式，让观众能够随时随地购买音乐剧门票。剧院售票则通过与各大剧院的合作，为观众提供更多的观看选择。音乐剧周边商品的开发与销售，不仅能够增加产业链的收入来源，还能够提升音乐剧的品牌影响力。这些环节需要市场营销团队们具备敏锐的市场洞察力和创新能力，通过精准的市场定位和营销策略，将音乐剧作品推向更广泛的市场，实现商业价值和社会效益的双赢。

音乐剧行业产业链的每个环节都扮演着不可或缺的角色，它们共同构成了音乐剧行业的完整生态。在这个生态系统中，上游产业环节为音乐剧的品质和风格提供了保障，中游产业环节将创作成果转化为实际的演出产品，而下游产业环节则将音乐剧演出转化为经济收益和品牌价值。这三个环节相互依存、相互促进，共同推动着音乐剧行业的持续发展。

三、品牌策略分析

（一）品牌定位

《基督山伯爵》本身便拥有广泛的影响力。该音乐剧的品牌定位便是重现这一经典故事，同时融入现代音乐剧元素和中国本土化创新，为观众带来一场视听盛宴。核心价值在于150分钟左右的时间里通过音乐、舞蹈和戏剧表演，展现人性的复杂与复仇的跌宕起伏，让观众在欣赏艺术的同时，也能感受到故事的深刻内涵。

高品质：音乐剧在制作过程中注重细节和品质，从演员选择、音乐编排、舞台设计到服装道具等方面都力求完美，以打造一部高品质的音乐剧作品。

经典改编：音乐剧基于大仲马的经典文学作品进行改编，保留了原作的核心情节和人物关系，同时融入了现代元素和舞台表现手法，使作品更具时代感和观赏性。

情感共鸣：音乐剧通过讲述主人公埃德蒙·唐泰斯的复仇故事，展现了人性的复杂性和命运的无常，引发了观众的情感共鸣和思考。

（二）品牌传播与市场推广

线上线下结合：线上社交媒体平台，如微博、小红书等，发布剧组动态、演员采访等内容，吸引粉丝关注；线下举办发布会、主演见面会等活动，增加与粉丝的互动，提升观众期待值。

口碑营销：由于质量过硬，经过几次全国巡演，音乐剧《基督山伯爵》积累了很多观众，获得了大量媒体的好评，再通过社交平台上的口口相传，逐渐吸引更多的观众到剧场观看。

明星效应：音乐剧《基督山伯爵》邀请了阿云嘎、于毅、叶麒圣、娄艺潇等国内知名音乐剧演员担纲男女主角，利用他们的粉丝基础和影响力，吸引更多观众关注音乐剧。

（三）品牌延伸与拓展

多轮巡演：音乐剧《基督山伯爵》2022年12月16日在北京顺利首演结束后，就开始了在全国各大城市进行巡演，到2024年已经完成了第三轮巡演，将品牌影响力逐渐扩展出了传统音乐剧演出城市，去到了更多更广泛的地区。

衍生周边收入：音乐剧《基督山伯爵》开发了一系列剧目相关衍生品，包括场刊、剧场包、明信片、扑克牌等，制作精良，深受剧粉喜爱，这些衍生品的销售也是剧目的收入之一。

（四）品牌维护与优化

保证演出质量：高质量才是一部音乐剧可以长久保持吸引力的关键，《基督山伯爵》自首演结束后，主创主演团队通过高水平的演员阵容、精良的制作团队和专业的舞台设计，确保了每场巡演的质量和效果，较好地维护了品牌形象。

保持创新能力：在保持原著精髓的基础上，音乐剧《基督山伯爵》团队并没有被第一年的顺利巡演冲昏头脑，他们依然在不断尝试新的表演方式，积极吸纳优秀的音乐剧演员，比如三轮巡演就加入了第四位"伯爵"赵超凡，他的演绎和歌唱同样精彩，持续地为观众带来了新鲜感。

关注观众反馈：音乐剧《基督山伯爵》非常注重收集观众的意见和建议，便于及时调整演出内容和形式，以满足观众的期望和需求。

四、市场调研与结果分析

(一) AISAS 分析

1. 注意 (attention)

宣传与推广：音乐剧《基督山伯爵》从组建团队到首演再到如今第三次全国巡演结束，一直在通过各大媒体平台、剧院官方网站以及社交媒体等渠道进行广泛宣传，吸引了大量观众的注意。其宣传内容包括精美的海报、幕后花絮、清唱片段、演员阵容介绍以及剧情梗概等。

口碑与推荐：作为一部改编自经典文学作品的音乐剧，本身就具有一定的知名度和影响力。此外，该剧在首轮巡演中收获了众多好评，进一步提升了其知名度和吸引力。

2. 兴趣 (interest)

剧情吸引力：音乐剧《基督山伯爵》讲述的是一个关于爱情、背叛和复仇的传奇故事，音乐剧版的改编使得剧情更加紧凑且引人入胜。观众在观看过程中，可以随着剧情的发展而体验到主人公的喜怒哀乐。

演员阵容：该剧邀请了众多实力派演员加盟，比如早在几年前就已经开始担任男主演兼制作人和出品人的音乐剧演员阿云嘎，近几年在上海音乐剧行业里炙手可热的年轻演员叶麒圣，拥有着丰富海内外演出经验的优秀女演员徐丽东，学习音乐剧出身但在电视剧和电影行业里同样拥有代表作的优秀女演员娄艺潇等，他们拥有专业的业务水平、丰富的演出经验，还拥有大量的粉丝基础，他们的加盟不仅可以为该剧注入鲜活的生命力，呈现了一个个鲜活的角色形象，还可以引来更多的关注度。

3. 搜索 (search)

信息获取：该剧前期投入大量网络宣传，当有观众刷到这些信息并开始产生兴趣后，他们通常会通过搜索引擎或社交媒体平台搜索更多关于该剧的信息，包括演出时间、地点、票价以及观众评价等。

票务查询：在确定了观看意愿后，观众会进一步查询票务信息，以便选择适合自己的场次和座位。

4. 行动（action）

购票观看：在获取了足够的信息并且确定自己对音乐剧《基督山伯爵》有观看欲望的观众，就会采取行动购买门票，通常包括剧院官方网站、票务平台以及现场购票等，之后前往剧院观演。

现场体验：在观剧过程中，观众可以近距离感受到演员们的精彩表演和舞台效果的震撼力。这种现场体验往往会让观众更加深入地理解剧情和角色，并产生强烈的情感共鸣。

5. 分享（share）

社交媒体分享：观剧后，观众通常会通过社交媒体平台分享自己的观剧体验和感受。这些分享内容通常包括照片、视频以及文字描述等，可以吸引更多潜在观众对音乐剧的关注。

口碑传播：观众的口碑传播是音乐剧《基督山伯爵》持续吸引新观众的重要途径。良好的口碑可以带来更多的观众和更高的票房收入。

（二）调查报告：音乐剧《基督山伯爵》中文版市场调研问卷

（1）您的性别？

A. 男 B. 女

（2）您的年龄段？

A.18 岁以下 B.18~25 岁 C.26~35 岁 D.36~45 岁 E.45 岁以上

（3）您目前长期生活的城市类型？

A. 一线城市 B. 二线城市 C. 三线城市 D. 三线及以下城市

（4）您对音乐剧这种表演形式的了解程度？

A. 非常了解 B. 一般了解 C. 不太了解 D. 没听说过

（5）您在过去的一年里看过几部音乐剧？

A.0 部 B.1~2 部 C.3~5 部 D.6 部以上

（6）您通常通过哪些渠道了解音乐剧信息？（可多选）

A. 社交媒体 B. 票务平台 C. 朋友推荐

D. 剧院官网/公众号 E. 电视广播 G. 从不了解

（7）您愿意为一部高质量音乐剧支付的平均票价是多少？

A.100 元以下 B.100~300 元 C.300~500 元 D.500~800 元 E.800 元以上

（8）您对原著《基督山伯爵》故事情节了解程度？

A. 非常了解 B. 比较了解 C. 不太了解 D. 没听说过

（9）如果您之前了解《基督山伯爵》，是通过什么途径？（可多选，没了解过的可跳过）

A. 原著小说 B. 电影/电视剧 C. 舞台剧/音乐剧 D. 学校教育/阅读推荐

（10）您认为音乐剧《基督山伯爵》中最重要的部分是什么？（可多选）

A. 故事情节的改编与创新 B. 演员的演技与歌唱实力

C. 舞台灯光设计与视觉效果 D. 音乐与歌曲的原创性

E. 中文歌词翻译的精确与流畅

（11）您认为哪些因素会影响您决定是否观看音乐剧《基督山伯爵》？（可多选）

A. 票价 B. 演出地点与时间 C. 演员阵容 D. 宣传与口碑

E. 朋友家人的推荐 G. 对原著的喜爱程度

（12）您喜欢音乐剧《基督山伯爵》的哪些宣传方式？（可多选）

A. 线下主演见面会 B. 官方账号发布排练花絮

C. 晚会典礼上演唱剧中歌曲 D. 和其他品牌推出联动产品

E. 官方媒体采访

（13）音乐剧《基督山伯爵》中文版哪些周边衍生品会让您产生购买欲望？（可多选）

A. 场刊 B. 明信片 C. 剧场包 D. 票价/票册 E. 角色徽章

F. 扑克牌 G. T 恤衫

（14）您对音乐剧《基督山伯爵》中文版有什么特别的建议或期待吗？

（15）您认为哪些创新元素或特色能够吸引更多观众走进剧院观看这部音乐剧？

（三）调研报告数据分析

根据调研报告收集到的反馈数据，我们可以看出以下内容。

受访者年龄主要集中在 18~25 岁，一线城市生活者偏多，认为自己非常了解音乐剧这一表演形式的人在所有受访者中占比 44.44%，其中一年内观看的音乐剧数量在 1~5 部的人占半数。从中可以看出，目前音乐剧的推广依然集中在国内一线大城市。

在对一部高质量音乐剧作品价格接受度的问题中，多数人表示可以接受 100~500 元，更有人表示可以接受超过 800 元的价格，只有少部分人接受度在 100 元以下。由此可以看出，一部音乐剧只要质量过硬，观众对于定价的宽容度还是比较高的。音乐剧如果能保证质量，收益非常可观。

受访者了解音乐剧相关信息的渠道有很多，其中以社交媒体、票务平台和剧院官网为主。因此如果想要继续扩大音乐剧在中国的推广范围，就应该在这三个方面加强宣传力度。

音乐剧《基督山伯爵》今年已经结束了第三次全国巡演，受到众多好评。在这部作品中，观众更加看重剧中演员的演技和歌唱实力，其次是作为外国引进作品的汉化呈现效果，中文歌词翻译准确流畅也是观众较为看重的方面。

在问到什么因素会影响受访者是否到剧院观看音乐剧《基督山伯爵》这一问题，得到的反馈以演出的时间、地点以及演员阵容为主，然后是定价。因此，想要让更多的人走进剧院欣赏这部作品，就应该在以后的全国巡演时多增加演出地点，多安排演出场次，制定合理可接受的价格区间。

喜欢的宣传方式投票率比较高的有线下主演见面会、官方排练花絮和晚会典礼演唱剧中歌曲。

线下主演见面会可以快速拉进主演与观众的距离，通过主演自己的讲述，观众可以更好地理解角色的心理以及每一个角色背后的做事逻辑；官方花絮让观众了解幕后创作的故事，看到每一个演员在背后付出的努力；晚会典礼演唱歌曲可以带着好作品走出小圈子，吸引更多人关注，提前对作品进行宣传和预热。

五、结论

目前，音乐剧的国内受众依然主要为 18~25 岁的年轻女性。如果想要扩大音乐剧在中国的推广范围，应该在社交媒体、票务平台和剧院官网上加强宣传力度，结合官方账号在网络上积极更新排练花絮。音乐剧《基督山伯爵》想要收获更多好评应该加强中文歌词的译配水平和演员的演技与歌唱实力。同时，还应该适当增加全国巡演的场次。在衍生品方面，可以多出一些精美的票夹、票册和剧场包，其次是场刊和剧中角色的徽章，以增加收入。

第十二节 从文化产业角度探析品牌 Jellycat 营销策略

一、品牌基本信息

（一）品牌简介

自 1999 年在英国萌芽，Jellycat（杰丽猫）以其独特的设计理念和卓越的品质迅速在全球范围内赢得了众多拥趸。这个品牌的名字，结合了果冻般的柔软触感和猫咪的灵动形象，完美体现了其产品所追求的温馨、可爱与高质感。Jellycat 涵盖各种毛绒玩具，从呆萌的动物形象到梦幻的抽象设计，每一款玩具都经过精心设计，旨在触动消费者内心深处的柔软角落。品牌强调了在快节奏的现代生活中，为人们提供情感慰藉和心灵寄托的重要性。

Jellycat 的兴起并非偶然，它深刻地把握住了现代社会的情感需求。通过对消费者心理的精准洞察，巧妙地将产品设计与情感价值相结合，使其毛绒玩具不仅仅是一件简单的玩具，而是一种生活方式的象征，一个可以承载个人情感和故事的伙伴。品牌深知，在新媒体时代，情感共鸣是连接消费者与品牌的关键桥梁。因此，Jellycat 在营销策略中，始终将情感营销置于核心地位，通过打造独特的品牌故事，构建与消费者的情感纽带。

Jellycat 的营销策略从产品设计开始便显露无遗。其产品不仅在外观上追求创新与个性化，更在每一个细节中融入情感元素。例如，品牌为每款玩偶赋予独特的名字和背景故事，如"害羞的邦尼兔""有趣的番红花"，这些充满想象力的故事让玩偶拥有了生命，成为消费者心中的"毛朋友"。此外，Jellycat 还巧妙利用"退休制"策略，通过限量发售和定期下架产品，营造出稀缺性和独特性，满足了消费者对于独特情感价值的追求。

在渠道布局上，Jellycat 采取了多渠道销售策略，不仅通过电商平台广泛触达消费者，还与第三方经销商合作，如母婴店、书店以及玩具店，确保产品能够覆盖更广泛的消费群体。这种策略不仅提升了品牌的曝光度，还有效增加了购买的便捷性，使得 Jellycat 在激烈竞争的玩具市场中脱颖而出。

社交媒体的广泛应用，为 Jellycat 的情感营销策略提供了强大的支持。品牌积极利用社交媒体平台，如微博、抖音等，与消费者建立深层次的情感联系。通过明星效应和用户生成内容（UGC），Jellycat 成功激发了消费者的参与热情，形成了强大的口碑效应。消费者在社交媒体上分享与 Jellycat 玩偶的日常，不仅增强了玩偶的拟人化属性，还构建了一个充满温馨与欢乐的品牌文化圈层，进一步加深了消费者与品牌之间的情感纽带。

Jellycat 的成功证明了在文化产业中，品牌营销策略的核心在于情感链接。通过创新的产品设计、精准的市场定位以及深入消费者内心的营销手法，Jellycat 不仅在玩具行业中占据了领先地位，更在全球范围内塑造了其独特的情感价值品牌形象。

（二）品牌故事

在 Jellycat 的品牌故事中，每一只毛绒玩具都承载着一段独特的情感旅程。从其诞生之初，Jellycat 便致力于创造不仅仅是玩具，而是能够触动人心的伙伴。品牌创始人在一次偶然的机会中，观察到人们对于柔软、可爱事物的天然喜爱，从而萌生了创建 Jellycat 的想法。他们希望通过这些温暖、可爱的玩偶，为忙碌的现代生活注入一丝温柔与慰藉。

Jellycat 的品牌故事，不仅仅是关于玩具的制造，更是一系列关于爱、陪伴与成长的叙述。品牌精心为每一只玩偶设计了个性化的背景故事，比如"害羞的邦尼兔"与"有趣的番红花"，这些故事不仅丰富了玩偶的形象，更让它们成为消费者心中的独特存在。每一个玩偶背后的故事，都是品牌对情感价值的深刻理解与表达，它们在无形中与消费者建立起了一种超越物质的情感链接。

在产品设计上，Jellycat 追求卓越与创新，每一只玩偶都经过数百次的修改与完善，以确保其能够完美地融入消费者的生活。从"打不开的瑜伽垫"到"婚礼系列"的新品，每一款产品都融入了品牌的情感哲学，通过幽默与温情的结合，让玩偶与消费者的生活产生共鸣。这种以情感为驱动的设计策略，不仅提升了产品的吸引力，更让 Jellycat 在市场中树立了独特的品牌形象。

Jellycat 还巧妙地运用了"退休制"策略，每年下架一些不再生产的产品，使得这些玩偶成为珍贵的回忆。这种策略不仅增加了产品的稀缺性，更激发了消费者对于玩偶背后故事的珍视。在二手市场上，这些绝版玩偶的高价销售，充分证明了消费者对于情感价值的高度认可。

社交媒体上的互动，是 Jellycat 品牌故事传播的重要一环。品牌通过明星效应和用户生成内容，成功激发了消费者的参与热情。消费者们在社交媒体上分享自己与 Jellycat 玩偶的日常，通过拟人化的互动，让玩偶成为他们生活的一部分。这些分享不仅加深了玩偶与消费者之间的情感联系，更构建了一个充满爱与欢乐的品牌社区，进一步巩固了 Jellycat 的情感品牌战略。

Jellycat 通过其独特的情感营销策略，成功地将每一只玩偶转化为情感的载体，让它们不仅仅是一件玩具，而是消费者生活中不可或缺的伙伴。在快节奏的现代社会中，Jellycat 通过其品牌故事，为人们提供了一个情感寄托的空间，满足了现代社会中人们对温暖、陪伴与情感价值的渴望。通过这种方式，Jellycat 不仅在竞争激烈的玩具市场中占据了一席之地，更在全球范围内塑造了其独特的情感价值品牌形象。

（三）品牌 CIS 设计

Jellycat 的品牌 CIS 设计，是其品牌识别系统的核心，它通过理念、行为以及视觉等多维度，构建了品牌独特的形象与个性。

1. 理念识别（MI）

在理念识别部分，Jellycat 虽然不像某些品牌那样拥有专门的品牌歌曲或声音标志，但其产品本身的触感与质地却在无声中传递着品牌的温柔与细腻。每一只 Jellycat 玩偶的柔软触感，都是品牌声音的一种独特体现，这种触感上的识别，让品牌在消费者中形成了独特的情感记忆。

2. 行为识别（BI）

在行为识别部分，Jellycat通过其独特的营销策略，如情感营销、体验营销，以及与消费者的情感互动，构建了品牌的个性与价值观。品牌不仅关注产品本身的设计与质量，更注重与消费者建立深层次的情感链接。通过与消费者共同创造故事与回忆，Jellycat成功地将其品牌价值观融入了消费者的生活，成为他们情感寄托与精神慰藉的源泉。

3. 视觉识别（VI）

在视觉识别部分，Jellycat采用了温馨、梦幻的色彩搭配，如粉色、天蓝、柔和的绿色等，这些色彩不仅体现了品牌的温暖与可爱，更与目标消费者的情感需求相呼应。品牌标志性的"果冻猫"图案，结合了果冻的柔软与猫咪的灵动，成为品牌视觉识别的重要元素，它不仅体现了品牌的核心理念，更在消费者心中留下了深刻的印象。

Jellycat的CIS设计，不仅仅注重视觉效果，更关注品牌与消费者内心深处的情感链接。品牌通过其独特的CIS设计，成功地塑造了一个个既温馨又个性化的品牌形象，使其在竞争激烈的玩具行业中脱颖而出。这种以情感为核心的品牌识别策略，不仅提升了品牌的辨识度与吸引力，更在消费者心中留下了不可磨灭的印记，为品牌的持续发展奠定了坚实的基础。通过CIS设计，Jellycat不仅传达了其品牌理念与价值观，更构建了一种以情感为纽带的品牌文化，使其成为全球范围内深受喜爱的毛绒玩具品牌。

二、品牌运营与产业发展

（一）PEST分析

在探讨Jellycat品牌运营与文化产业发展的关系时，采用PEST分析框架可以提供一个全面的视角，帮助我们理解外部宏观环境对其营销策略的影响。

1. 政治（political）

政治环境方面，Jellycat受益于全球范围内对文化产业的重视与支持。各国政府对创意产业的政策倾斜，比如提供税收减免、资金补贴以及知识产权保护，为Jellycat的创新发展提供了良好的政策环境。此外，国际贸易政策的宽松与双边或多边贸易协定的签署，促进了品牌在全球市场的扩张，降低了进入新市场的门槛。

2. **经济**（economic）

经济环境对Jellycat的影响主要体现在消费者购买力的变化与全球经济趋势上。随着全球中产阶级的壮大，消费者对高品质、情感价值丰富的产品需求增加，为Jellycat提供了广阔的市场空间。同时，经济全球化使品牌能够利用全球供应链的优势，实现成本控制与效率提升。

3. **社会**（social）

社会环境方面，Jellycat巧妙捕捉到现代消费者的情感需求与生活方式的变化。随着社会压力的增大，人们对精神慰藉和情感价值的追求日益增强，Jellycat的"治愈经济"理念与"情感营销"策略恰好满足了这一需求。此外，消费者对个性化、定制化产品的偏好，也促使Jellycat不断创新产品设计，以满足市场的细分需求。

4. **技术**（technological）

技术环境为Jellycat的营销策略提供了强大的支持。互联网和社交媒体的兴起，大大增强了品牌的传播力与市场渗透力。Jellycat通过社交媒体营销，成功构建了与消费者的深度互动，形成了强大的用户社群。技术的创新还促进了产品设计的升级，如采用环保材料、融入智能化元素，提升了产品的竞争力。

Jellycat在品牌运营与产业发展中，通过PEST分析，能够更加清晰地识别外部环境的机遇与挑战，为品牌战略的制定提供依据。在不断变化的市场环境中，Jellycat通过灵活应对，持续创新，成功地在全球文化产业中确立了其独特的情感价值品牌形象。

（二）SWOT分析

在深入剖析Jellycat品牌运营与文化产业发展的过程中，SWOT（strengths、weaknesses、opportunities、threats）分析为我们提供了一个结构化的视角，帮助识别品牌内部的优势与劣势，以及外部环境中的机遇与威胁。

这一分析工具对于战略规划至关重要，有助于品牌明确自身定位，采取相应的策略以应对市场挑战，抓住发展机遇。

1. 优势（strengths）

Jellycat 的核心优势在于其独特的设计哲学与情感价值。品牌通过创新的产品设计，如"打不开的瑜伽垫"和"害羞的邦尼兔"，成功地将情感融入产品之中，建立了与消费者的情感共鸣。此外，Jellycat 的"退休制"策略，通过限量发售和定期下架产品，营造了稀缺性和独特性，增强了品牌的吸引力。在营销策略上，Jellycat 利用社交媒体和用户体验优化，构建了强大的品牌社群，形成了良好的口碑效应。

2. 劣势（weaknesses）

虽然 Jellycat 在市场中占据了一席之地，但其产品线相对单一，主要集中在毛绒玩具领域。这在一定程度上限制了品牌的市场拓展潜力。此外，由于品牌未设立直营实体店铺，消费者体验的控制力相对有限，可能影响品牌形象的统一性。在供应链管理方面，依赖第三方经销商可能带来产品品质不一致的隐患，对品牌长期发展构成潜在威胁。

3. 机遇（opportunities）

全球文化产业的蓬勃发展为 Jellycat 提供了广阔的市场机遇。随着消费者对精神慰藉和个性化产品需求的增加，Jellycat 可以通过跨界合作，如与影视、动漫等文化产业领域的品牌合作，进一步丰富产品线，拓展市场边界。此外，随着可持续发展理念的普及，Jellycat 有机会通过采用环保材料和生产方式，提升品牌形象，满足消费者对社会责任的期待。

4. 威胁（threats）

市场竞争日益激烈，新品牌不断涌现，对 Jellycat 构成了直接挑战。此外，互联网时代的信息爆炸，虽然为品牌传播提供了便利，但也加剧了消费者注意力的分散，增加了品牌保持市场热度的难度。仿冒产品和知识产权侵权问题，也是品牌必须面对的威胁，这不仅损害了品牌的经济利益，更可能影响消费者对品牌的信任度。

通过 SWOT 分析，Jellycat 可以更加清晰地认识到自身在文化产业中的定位。品牌应持续强化其优势，如情感价值和创新设计，同时采取措施应对劣势，如加强供应链管理和品牌体验的统一性。在把握机遇的同时，Jellycat还需警惕威胁，通过法律手段保护知识产权，加强品牌建设，以确保在快速变化的市场环境中持续繁荣。

（三）运营模式

Jellycat的运营模式是其品牌成功的关键因素之一，它巧妙地结合了产品创新、情感营销与多渠道销售策略，构建了一个既独特又高效的市场运作体系。品牌通过以下几方面展现了其运营模式的独到之处。

定期上新与限量发售：Jellycat深谙消费者对于新鲜感的渴求，通过每年1月和7月定期推出大量新品，不断刺激市场，保持品牌活力。此外，品牌的"退休制"策略，即每年下架一些不再生产的产品，不仅营造了稀缺感，更增加了产品的情感价值。这种策略不仅吸引了一大批忠实的"收藏家"，还激发了消费者对品牌新品的热情期待。

多渠道销售布局：尽管Jellycat没有设立品牌直营的实体店铺，但其通过电商平台与第三方经销商的合作，如母婴店、书店、玩具店等，成功构建了广泛的销售网络。这种多渠道销售策略不仅扩大了品牌的市场覆盖范围，还提升了购买的便利性，确保了消费者能够轻松接触到Jellycat的产品。

沉浸式营销体验：Jellycat在上海开设的快闪咖啡馆，将传统的购物体验转变为一场充满乐趣的沉浸式娱乐活动。店员的表演式销售，如使用玩具铁锹和小花洒模拟玩偶的"烹饪"与"打包"过程，不仅增加了购物的趣味性，还加深了消费者与品牌之间的情感联系。

社交媒体营销：Jellycat充分利用社交媒体平台，如微博、抖音等，构建了一个充满爱与欢乐的品牌文化圈层。通过用户生成内容（UGC）和明星效应，品牌成功激发了消费者的参与热情，形成了强大的口碑效应。消费者在社交媒体上分享与Jellycat玩偶的互动，不仅增强了玩偶的拟人化属性，更构建了品牌与消费者之间的深层次情感纽带。

情感品牌战略：Jellycat将产品定位为唤起温暖、舒适与怀旧感的伴侣，通过情感驱动的营销策略与消费者建立情感共鸣。品牌通过引人入胜的店内体验、强有力的故事叙述和病毒式的社会认同，将毛绒玩具从简单的童年伙伴转变为一种令人向往的生活方式产品,确保了其在玩具行业的市场地位。

Jellycat 的运营模式不仅体现了品牌的创新精神,更凸显了其对消费者情感需求的深刻理解。通过情感营销、多渠道销售和沉浸式体验,Jellycat 成功地在全球文化产业中占据了有利位置,成为情感价值与品牌建设的典范。

(四)产业链条

在文化产业的大背景下,Jellycat 的产业链条展现出了其独特而完整的商业生态。从设计研发到生产制造,再到市场销售和售后服务,每一个环节都紧密相连,共同推动着品牌在全球市场中的持续成长。

在设计研发阶段,Jellycat 投入了大量的精力和资源,致力于打造既符合品牌理念又满足消费者情感需求的创新产品。品牌的设计团队及时掌握市场趋势和消费者反馈,结合经典理论和最新潮流,进行产品设计的迭代升级。他们精心设计每一只玩偶的外形,确保其拥有独特的个性和辨识度,同时赋予每款产品以生动的故事背景,使它们成为消费者情感寄托的载体。

生产制造环节,Jellycat 严格遵循高标准的质量控制体系。品牌与全球范围内的优质制造商合作,采用环保材料和精细工艺,确保每一件产品都能达到卓越的品质。这种对细节的执着追求,不仅提升了产品的耐用性和安全性,还彰显了品牌对社会责任的承诺。

市场销售是 Jellycat 产业链条中的关键一环。品牌通过多渠道销售策略,实现了全球市场的广泛覆盖。除了与第三方经销商合作,如母婴店、书店和玩具店,Jellycat 还充分利用电商平台,如亚马逊、天猫等,搭建了线上销售网络。这种线上线下相结合的销售布局,既提升了品牌的曝光度,也满足了不同消费者群体的购物需求。

售后服务是 Jellycat 产业链条中不可或缺的部分,它体现了品牌对消费者体验的重视。品牌提供了一系列贴心的售后服务,包括产品质量保证、退换货政策以及客户咨询服务。这些服务不仅增强了消费者对品牌的信任,还促进了品牌口碑的传播,为 Jellycat 在激烈竞争中赢得了优势。

Jellycat 还积极拓展产业链上下游的合作伙伴关系,如与原材料供应商建立长期合作,确保供应链的稳定性和可持续性。品牌还与文化 IP 进行跨界合作，如与知名动漫、影视作品联名推出限量版玩偶，进一步丰富了产品线，吸引了更多目标消费者的关注。

Jellycat 的产业链条是一个高度协同的系统，它不仅确保了品牌的高效运营，还为品牌在全球文化产业中的持续发展奠定了坚实的基础。通过持续创新和深耕市场，Jellycat 成功地构建了一个以消费者情感需求为核心，集设计、生产、销售和服务于一体的完整产业链，成为文化产业中的佼佼者。

三、品牌策略分析

（一）内容营销

在 Jellycat 的品牌策略中，内容营销扮演着至关重要的角色，它不仅增强了品牌与消费者之间的情感联系，还推动了品牌的全球影响力。Jellycat 通过创造引人入胜的故事内容，结合情感驱动的营销策略，成功地将品牌信息以一种温柔而有趣的方式传递给目标受众。

品牌深知，在新媒体时代，高质量的内容是吸引和保留消费者的关键。因此，Jellycat 的内容营销策略围绕着故事讲述、互动体验和个性化服务展开，旨在构建一个充满情感共鸣的品牌世界。

Jellycat 的故事讲述策略是其内容营销的核心。每款产品都拥有一个独特的故事背景，这些故事不仅增加了产品的附加值，还让每个玩偶成为消费者心中的"毛朋友"。品牌将这些故事通过官方网站、社交媒体平台以及营销活动进行传播，让消费者在购买前就能感受到玩偶的个性和魅力。例如，"害羞的邦尼兔"和"有趣的番红花"等玩偶，通过其生动的背景故事，成功地与消费者建立了情感纽带，成为他们生活中不可或缺的伙伴。

Jellycat 通过互动体验深化了消费者与品牌的情感链接。品牌利用社交媒体平台，鼓励用户分享与玩偶的日常互动，如旅行、工作和学习等场景。这些分享不仅增加了玩偶的拟人化属性，还构建了一个充满爱与欢乐的品牌文化圈层。Jellycat 还通过举办各种主题活动，如快闪咖啡馆，让消费者在沉浸式的环境中体验品牌文化，加深了与品牌的情感联系。

Jellycat 的个性化服务策略也是其内容营销的重要组成部分。品牌通过提供定制化服务，如特定节日的限量版产品和"挑脸"行为，让消费者能够挑选出最符合自己期待的玩偶。这种个性化服务不仅增加了产品的独特性和吸引力，还促进了品牌形象的传播，形成了强大的口碑效应。

Jellycat的内容营销策略是其品牌策略的基石，通过故事讲述、互动体验和个性化服务，品牌成功地构建了与消费者之间深层次的情感链接。这种策略不仅提升了产品销量，还增强了消费者对品牌的忠诚度和情感认同，确保了Jellycat在全球文化产业中持续繁荣。通过内容营销，Jellycat不仅传达了其品牌理念和价值观，还构建了一种以情感为纽带的品牌文化，使其成为全球范围内深受喜爱的毛绒玩具品牌。

（二）渠道布局

Jellycat在渠道布局上的精妙之处，使其在玩具市场的竞争中占据了优势地位。品牌采取了多渠道销售策略，巧妙地结合了线上与线下资源，确保了产品的广泛覆盖，同时满足了不同消费者群体的购物需求和体验偏好。

在线上，Jellycat充分利用电商平台的便利性，建立了强大的线上销售网络。品牌与亚马逊、天猫等全球知名电商平台合作，确保消费者能够轻松购买到Jellycat的产品，不受地域限制。此外，品牌还利用社交媒体平台的流量优势，通过直播带货、社交媒体商店等方式，直接触达目标受众，实现精准营销和高效转化。

在线下，尽管Jellycat没有设立品牌直营的实体店铺，但其与第三方经销商的紧密合作，如母婴店、书店、玩具店等，确保了产品能够覆盖更广泛的消费群体。这种布局不仅提升了品牌的市场渗透率，还利用了第三方经销商的地域优势和客户基础，增强了Jellycat的线下曝光度。通过精心选择合作伙伴，Jellycat能够确保产品在不同类型的零售环境中呈现，满足了消费者多样化的购物需求。

Jellycat还通过快闪店等创新渠道，为消费者提供了独特的购物体验。2023年9月底，品牌在上海开设的快闪咖啡馆，将传统的购物体验转变为一场充满乐趣的沉浸式娱乐活动。店员的表演式销售，如使用玩具铁锹和小花洒模拟玩偶的"烹饪"与"打包"过程，不仅增加了购物的趣味性，还加深了消费者与品牌之间的情感联系。这种快闪店的策略，不仅提升了品牌的新鲜感，还吸引了大量关注，促进了口碑传播。

Jellycat 的渠道布局策略，体现了品牌对市场趋势的敏锐洞察和对消费者需求的深刻理解。通过线上线下的协同布局，Jellycat 成功地构建了一个全面而灵活的销售网络，确保了产品能够触达全球各地的消费者。这种策略不仅提升了品牌的市场占有率，还增强了消费者对品牌的忠诚度和情感认同，为 Jellycat 在全球文化产业中的持续繁荣奠定了坚实的基础。通过渠道布局的优化，Jellycat 不仅满足了消费者对购物便捷性和体验性的追求，还展现了品牌在面对快速变化的市场环境时的灵活性和创新力。

四、市场调研与结果分析

（一）AISAS 分析

在探讨 Jellycat 市场调研与结果分析的过程中，AISAS 模型作为现代消费者行为研究的重要框架，为我们提供了深入理解品牌成功之道的视角。AISAS 模型，即 attention（关注）、interest（兴趣）、search（搜索）、action（行动）和 share（分享），这一模型揭示了在数字时代，消费者从品牌认知到品牌忠诚的全过程。

1. 关注（attention）

在信息爆炸的互联网时代，Jellycat 通过其独特的设计哲学和情感价值，成功吸引了消费者的初步关注。品牌利用社交媒体平台，如微博、抖音等，结合用户生成内容（UGC）和明星效应，迅速提升了品牌曝光度。例如，王源和赵露思等明星晒出的 Jellycat 玩具照片，不仅增加了品牌的知名度，还激发了粉丝群体的强烈兴趣，构建了品牌与消费者情感共鸣的起点。

2. 兴趣（interest）

Jellycat 的创意产品设计，如"打不开的瑜伽垫"和"婚礼系列"玩偶，激发了消费者的好奇心，进一步转化为对品牌深层次的兴趣。品牌通过定期发布新品和限量发售策略，如每年 1 月和 7 月的大量新品发布，以及"退休制"下架部分产品，不仅满足了消费者对新鲜感的追求，还通过稀缺性策略增强了产品的吸引力。

3. 搜索（search）

Jellycat 的消费者在形成初步兴趣后，会主动搜索更详细的产品信息和用户评价。品牌在官方网站和社交媒体平台上建立了丰富的信息库，为消费者提供了全面的产品详情、故事背景和用户反馈。此外，通过搜索引擎优化和内容营销，Jellycat 确保了消费者在搜索过程中能够轻松找到品牌相关的信息，这不仅加深了消费者对品牌的了解，还促成了购买决策的形成。

4. 行动（action）

在完成信息搜索和评估后，消费者采取行动，进行购买。Jellycat 通过多渠道销售策略，包括电商平台和第三方经销商，如母婴店、书店、玩具店等，确保了购买的便利性。品牌还通过沉浸式营销体验，如快闪咖啡馆，将购物转化为一种娱乐活动，进一步促进了消费者的购买行为。

5. 分享（share）

Jellycat 鼓励消费者在购买后分享其体验，这种分享不仅限于产品本身，还包括与品牌的情感链接和产品背后的故事。消费者在社交媒体上分享的"毛朋友"日常，如旅行、工作和学习场景，不仅加深了玩偶的拟人化属性，还构建了一个充满爱与欢乐的品牌文化圈层。这种用户生成内容的分享，不仅增强了消费者与品牌之间的情感纽带，还促进了口碑传播，吸引了更多的潜在消费者。

通过 AISAS 模型的分析，我们可以清晰地看到 Jellycat 如何通过创意设计、情感营销和多渠道销售策略，成功地引导消费者从关注到分享的全过程。这一过程不仅体现了品牌对市场趋势的敏锐洞察和对消费者需求的深刻理解，还展现了 Jellycat 在全球文化产业中构建品牌忠诚度和情感价值的成功之道。

（二）问卷调查

为了深入了解消费者对 Jellycat 品牌的认知、偏好及购买动机，本问卷调，以收集第一手数据，为分析提供实证支持。接受问卷调查的对象广泛，覆盖了不同年龄、性别、职业和地域的消费者，力求获取全面而深入的市场反馈。

问卷设计遵循了科学性和针对性原则，包含多个维度的问题。首先，调查了消费者对Jellycat品牌的了解程度,包括品牌知名度、品牌形象和品牌故事的熟悉度。其次,询问了消费者对Jellycat产品的评价,如价格合理性及情感价值等。再次,探索了消费者购买行为的驱动因素,比如是否受到社交媒体营销、明星效应、产品稀缺性或个性化服务的影响。最后,收集了消费者对品牌未来发展的期待和建议,旨在为品牌策略提供参考。

通过问卷调查,获得了关于Jellycat品牌与消费者关系的翔实数据,为后续分析提供了坚实的基础。这些数据不仅反映了品牌营销策略的有效性,还揭示了潜在的市场机会和挑战,为Jellycat在全球文化产业中的持续成长提供了有力的实证支持。

(三)品牌现状

Jellycat品牌在全球文化产业中的现状展现了其持续增长的势头和深厚的情感价值。自1999年创立以来,Jellycat凭借其独特的设计理念和高质量的产品,成功地在全球市场中占据了一席之地,尤其在中国市场,其品牌影响力和销量持续攀升。品牌通过不断的产品创新和情感营销,成功构建了与消费者之间的情感链接,使其不仅仅是一个玩具品牌,更成为一种生活方式的象征。

在产品策略方面,Jellycat定期推出新品,结合限量发售和"退休制"策略,营造了稀缺性和独特性,增强了产品的吸引力。这种策略不仅吸引了大量粉丝,还激发了消费者对品牌新品的热切期待。此外,品牌通过跨界联名、用户生成内容和体验营销等策略,成功塑造了Jellycat的品牌形象,使其成为消费者情感寄托和仪式感礼物的首选。

营销策略上,Jellycat紧紧抓住了消费者的情感需求,通过一系列富有创意和互动性的活动,激发消费者的参与热情,形成了强大的口碑效应。品牌通过社交媒体平台上的用户生成内容,构建了与消费者情感共鸣的连接。例如,品牌推出的"手捧花"系列玩偶和"婚礼系列"产品,在特定节日或场景下成为消费者情感表达的重要载体。Jellycat的"退休制"策略,即每年会下架一些不再生产的产品,增加了产品的稀缺性和情感价值,使其在二手市场上价格飙升,显示出消费者愿意为其支付高溢价。

在渠道布局上，Jellycat 没有设立品牌直营的实体店铺，而是通过电商平台和第三方经销商进行销售，这种多渠道策略不仅扩大了品牌的市场覆盖范围，还满足了不同消费者群体的需求。此外，品牌通过快闪店等创新渠道，为消费者提供了独特的购物体验，加深了与品牌之间的情感联系。

Jellycat 品牌的现状体现了其在文化产业中构建情感价值和品牌忠诚度的成功。品牌通过产品创新、情感营销和多渠道销售策略，成功地在全球市场中拓展了影响力，吸引了大量消费者。Jellycat 不仅满足了现代消费者对精神慰藉和个性化产品的需求，还通过构建品牌文化圈层，形成了强大的社会认同感，确保了品牌在全球文化产业中的持续繁荣。

（四）总结与建议

在全面探析了 Jellycat 品牌的文化产业视角营销策略后，我们不难发现，其成功秘诀在于深刻理解消费者情感需求，结合创新设计与多渠道销售，构建了与消费者之间的情感纽带。通过 SWOT 分析，我们明确了 Jellycat 的优势与挑战，理解了其运营模式的独特性，深入探讨了其内容营销、渠道布局以及市场调研的精妙之处。Jellycat 不仅是一个玩具品牌，更是一种情感价值的载体，它通过独特的产品设计和情感驱动的营销策略，成功在全球市场中脱颖而出。

总结 Jellycat 的成功经验，我们提出以下几点建议，旨在帮助品牌持续发展，应对未来可能面临的挑战。

（1）持续创新与情感链接

Jellycat 应继续坚持创新设计，同时深化与消费者的情感链接。通过定期的市场调研，深入了解目标受众的情感需求和偏好变化，确保产品与营销策略的与时俱进。

（2）强化品牌体验

尽管 Jellycat 未设立直营实体店铺，但仍应致力于提升品牌体验的统一性和个性化。通过与第三方经销商的紧密合作，确保产品品质和服务标准，同时探索更多创新的营销渠道，如虚拟现实（VR）体验或品牌主题公园，以增强消费者的沉浸式体验。

（3）加强供应链管理与社会责任

鉴于消费者对可持续性和社会责任的日益重视，Jellycat应进一步加强供应链管理，确保生产过程的环保与社会责任。这不仅包括选择环保材料，还应注重生产过程中的能源效率和公平贸易原则，以此提升品牌形象，满足消费者对社会责任的期待。

（4）深化内容营销与用户体验

Jellycat应在已有的内容营销基础上，进一步深化用户体验。通过更丰富的故事内容和更具互动性的营销活动，如故事讲述竞赛或用户故事分享平台，增强消费者与品牌之间的情感纽带，同时利用技术手段，如增强现实（AR），为消费者提供更加沉浸式的体验。

（5）灵活应对市场变化

面对快速变化的市场环境，Jellycat应保持策略灵活性，密切关注行业趋势和消费者行为的变化。通过数据分析和市场预测，及时调整营销策略，确保品牌在全球文化产业中的持续竞争力。

Jellycat的成功是其对消费者情感需求深刻理解与满足的直接结果，通过创新设计、情感营销和多元化销售渠道，构建了与消费者的情感链接。面对未来，Jellycat应持续深化这些策略，同时强化品牌体验，注重社会责任，灵活应对市场变化，以确保在全球文化产业中的持续繁荣。

第七章　文化艺术品牌推广营销优化策略

第一节　打造沉浸式文化艺术体验生态

在文化艺术品牌的推广营销领域,随着消费者需求的日益多元化与个性化,传统的推广方式已难以满足市场的变化与消费者的期待。因此,打造沉浸式文化艺术体验生态成为提升品牌吸引力、增强消费者参与感与忠诚度的重要策略。本节将从沉浸式体验的定义、打造沉浸式文化艺术体验生态的必要性、实施路径以及潜在挑战四个方面,深入探讨这一优化策略,以期为文化艺术品牌的推广营销提供新的思路与实践指导。

一、沉浸式体验的定义

沉浸式体验是指通过多感官的刺激与互动,使消费者完全沉浸于特定的环境或情境中,从而获得深度、全面的情感体验与认知过程。在文化艺术品牌的推广营销中,沉浸式体验能够打破传统推广方式的局限性,将消费者从被动接受者转变为积极参与者,提升品牌的认知度与美誉度。

二、打造沉浸式文化艺术体验生态的必要性

满足消费者需求:随着消费者审美水平与文化素养的提升,他们对于文化艺术品牌的需求不再局限于单一的产品或服务,而是追求更加丰富、多元、深层次的体验。沉浸式体验生态能够满足消费者的这一需求,提供全方位的

感官刺激与情感共鸣。

增强品牌竞争力：在激烈的市场竞争中，文化艺术品牌需要不断创新与突破，以差异化的优势吸引消费者。打造沉浸式文化艺术体验生态能够提升品牌的差异化程度，增强品牌的市场竞争力。

促进品牌传播：沉浸式体验能够激发消费者的情感共鸣与口碑传播，通过消费者的自发分享与推荐，扩大品牌的传播范围与影响力。

三、实施路径

构建多元体验场景：根据品牌特色与消费者需求，构建多元化的沉浸式体验场景，如艺术展览、音乐会、戏剧表演等，将品牌元素融入其中，使消费者在享受文化艺术的同时，加深对品牌的认知与情感联系。

运用数字技术：利用虚拟现实（VR）、增强现实（AR）、全息投影等数字技术，打造虚拟与现实相结合的沉浸式体验环境，提升消费者的参与感与互动性。

强化情感共鸣：通过故事讲述、情感共鸣等方式，将品牌理念与文化内涵融入沉浸式体验中，使消费者在情感上与品牌产生共鸣，增强品牌的忠诚度与美誉度。

建立社群互动：构建品牌社群，鼓励消费者之间的互动与交流，分享沉浸式体验的感受与心得，形成品牌口碑传播与社群效应。

四、潜在挑战与应对策略

技术成本与投资回报：沉浸式体验生态的构建需要较高的技术投入与运营成本，品牌需要权衡投资回报与长期效益，制定合理的预算与规划。

消费者参与度与体验质量：如何吸引更多消费者参与沉浸式体验，同时保证体验质量与消费者满意度，是品牌需要面对的挑战。品牌可以通过市场调研、用户反馈等方式，不断优化体验内容与形式，增强消费者的参与感与提升满意度。

品牌文化与体验的融合：在打造沉浸式体验生态的过程中，品牌需要确保品牌文化与体验的深度融合，避免过度追求形式而忽略了品牌的核心价值。

五、结论

打造沉浸式文化艺术体验生态是文化艺术品牌推广营销的重要优化策略。通过构建多元体验场景、运用数字技术、强化情感共鸣与建立社群互动等方式，品牌能够提升消费者的参与度与忠诚度，增强品牌的市场竞争力与影响力。同时，品牌也需要面对技术成本、消费者参与度与品牌文化融合等挑战，通过不断优化与创新，实现沉浸式体验生态的持续发展与品牌价值的不断提升。

第二节　利用数字技术增强品牌影响力

在数字化时代背景下，文化艺术品牌的推广营销面临着前所未有的机遇与挑战。数字技术以其强大的信息传播能力、个性化的用户体验以及高效的互动机制，为文化艺术品牌的推广营销提供了全新的视角与手段。本节旨在探讨如何利用数字技术增强文化艺术品牌的影响力，从数字技术的优势、应用策略、实施路径以及潜在影响四个方面进行深入分析，以期为文化艺术品牌的推广营销提供理论支撑与实践指导。

一、数字技术的优势

信息传播的高效性：数字技术能够迅速将品牌信息传递给目标受众，打破地域与时间的限制，实现全球范围内的即时传播。

用户体验的个性化：通过大数据与人工智能技术，数字技术能够精准分析用户偏好与需求，提供个性化的品牌体验，增强用户的满意度与忠诚度。

互动机制的强化：数字技术提供了丰富的互动手段，如社交媒体、在线评论、虚拟现实等，使品牌与消费者之间的互动更加频繁、深入，有助于建立紧密的品牌关系。

二、应用策略

构建数字化品牌平台：建立品牌官方网站、社交媒体账号等数字化平台，作为品牌信息传播与消费者互动的主要渠道。通过定期更新内容、举办线上活动等方式，保持平台的活跃度与吸引力。

利用大数据进行精准营销：收集并分析消费者数据，如浏览记录、购买行为、兴趣爱好等，运用大数据技术进行精准营销，推送个性化的品牌信息与优惠活动，提高营销效果。

创新数字化体验：运用虚拟现实（VR）、增强现实（AR）、全息投影等数字技术，打造独特的数字化体验场景，如虚拟展览、在线音乐会等，使消费者能够身临其境地感受品牌魅力。

强化社交媒体互动：在社交媒体平台上积极与消费者互动，回应评论、私信等，建立品牌与消费者之间的情感联系。同时，利用社交媒体的影响力，邀请网红、意见领袖等参与品牌宣传，扩大品牌的传播范围。

三、实施路径

制订数字化营销计划：根据品牌特色与目标受众，制订详细的数字化营销计划，明确营销目标、策略、渠道与预算。

优化数字化平台体验：不断提升数字化平台的用户体验，如优化页面设计、提高加载速度、增加互动功能等，使消费者能够便捷地获取品牌信息并参与互动。

持续监测与优化：利用数据分析工具持续监测数字化营销的效果，如点击率、转化率、用户满意度等，根据数据反馈及时调整营销策略与平台体验。

四、潜在影响

品牌认知度的提升：通过数字技术的广泛应用，品牌信息能够迅速传播至目标受众，提高品牌的知名度。

消费者忠诚度的增强：个性化的品牌体验与频繁的互动机制能够增强消费者对品牌的情感联系与忠诚度，促进口碑传播与复购行为。

市场竞争力的提升：数字技术为品牌提供了创新的营销手段与差异化的竞争优势，有助于品牌在激烈的市场竞争中脱颖而出。

五、结论

利用数字技术增强文化艺术品牌的影响力是推广营销的重要策略。通过构建数字化品牌平台、利用大数据进行精准营销、创新数字化体验以及强化社交媒体互动等方式，品牌能够迅速提升知名度、增强消费者忠诚度并提升市场竞争力。同时，品牌也需要持续关注数字技术的发展趋势与消费者需求的变化，不断优化数字化营销策略与平台体验，以实现品牌的可持续发展与长期价值。

第三节 构建文化社群与粉丝经济体系

在文化艺术品牌的推广营销中，构建文化社群与粉丝经济体系是一项至关重要的策略。这一策略不仅有助于深化品牌与消费者之间的情感联系，还能通过粉丝的自发传播与参与，为品牌带来持续的影响力与商业价值。本节将从文化社群的概念与特征、粉丝经济体系的构建原则、实施策略以及潜在影响四个方面，深入探讨如何构建文化社群与粉丝经济体系，以期为文化艺术品牌的推广营销提供理论指导与实践路径。

一、文化社群的概念与特征

文化社群是指基于共同的文化兴趣、价值观或身份认同而形成的社群。在文化艺术品牌的推广营销中,文化社群具有以下特征。

共同的文化认同:社群成员因对品牌所代表的文化、艺术风格或价值理念产生共鸣而聚集在一起。

高度的互动与参与:社群成员之间以及成员与品牌之间保持着高频次的互动与参与,形成紧密的情感纽带。

自发的传播与创作:社群成员会自发地创作、分享与品牌相关的内容,形成品牌传播的"自来水"效应。

二、粉丝经济体系的构建原则

以用户为中心:粉丝经济体系的构建应始终以用户需求与体验为核心,提供有价值的内容与服务。

情感链接与共鸣:通过情感化的营销策略,激发粉丝对品牌的情感共鸣,增强粉丝的忠诚度与归属感。

多元化盈利模式:构建多元化的盈利模式,如会员制度、周边产品、线上线下活动等,实现品牌与粉丝的双赢。

三、实施策略

打造品牌 IP:通过打造独特的品牌 IP,如品牌故事、角色设定等,增强品牌的辨识度与吸引力,为文化社群的构建奠定基础。

搭建社群平台:利用社交媒体、论坛、App 等线上平台,搭建品牌与粉丝之间的沟通桥梁,鼓励粉丝之间的互动与创作。

举办线上线下活动:定期举办线上线下活动,如粉丝见面会、主题展览、创作大赛等,增强粉丝的参与感与归属感。

建立会员制度:推出会员制度,为会员提供专属的优惠、内容与服务,如会员专享周边、优先参与活动等，增强会员的忠诚度。

鼓励粉丝创作与分享：设立创作基金、分享奖励等机制，鼓励粉丝创作与分享和品牌相关的内容，形成品牌传播的良性循环。

四、潜在影响

品牌影响力的提升：通过文化社群与粉丝经济体系的构建，品牌能够形成独特的品牌文化与粉丝文化，提升品牌的影响力与美誉度。

用户黏性的增强：文化社群与粉丝经济体系能够增强用户对品牌的忠诚度与黏性，促进用户的持续参与与消费。

商业价值的挖掘：通过多元化的盈利模式，品牌能够充分挖掘粉丝经济的商业价值，实现品牌与粉丝的双赢。

品牌创新的推动：粉丝的反馈与参与能够激发品牌的创新精神，推动品牌不断迭代与升级，保持品牌的活力与竞争力。

五、结论

构建文化社群与粉丝经济体系是文化艺术品牌推广营销的重要策略。通过打造品牌IP、搭建社群平台、举办线上线下活动、建立会员制度以及鼓励粉丝创作与分享等方式，品牌能够深化与消费者的情感联系，提升品牌影响力与商业价值。同时，品牌也应持续关注用户需求与市场变化，不断优化文化社群与粉丝经济体系的构建策略，以实现品牌的可持续发展与长期价值。

第四节　重视建设可持续文化艺术品牌

在当今多元文化并存、市场竞争激烈的背景下，文化艺术品牌的推广营销面临着前所未有的挑战与机遇。为了在这一环境中脱颖而出，并实现长远发展，重视建设可持续文化艺术品牌显得尤为重要。本节将从品牌理念的可持续性、产品创新与文化传承、社会责任与可持续发展以及品牌传播与受众参与四个方面，深入探讨如何构建并优化可持续文化艺术品牌，以期为文化艺术品牌的推广营销提供学术性的指导与实践路径。

一、品牌理念的可持续性

品牌理念是文化艺术品牌的灵魂，其可持续性体现在品牌是否坚守核心价值观，是否与社会发展趋势相契合。首先，品牌应明确其文化定位与艺术特色，确保品牌理念具有鲜明的个性与辨识度。同时，品牌理念应与社会责任、环保意识、人文关怀等现代价值观相融合，体现品牌的社会责任感与使命感。此外，品牌还需关注受众需求的变化，不断调整与优化品牌理念，以适应市场的动态发展。

二、产品创新与文化传承

产品创新与文化传承是可持续文化艺术品牌的核心竞争力。在产品创新方面，品牌应积极探索新的艺术形式与表现手法，结合现代科技手段，如AR、VR等，提升产品的创意性与互动性。同时，品牌还应注重产品的差异化与个性化，满足受众的多元化需求。在文化传承方面，品牌应深入挖掘与弘扬传统文化精髓，将传统文化与现代审美相结合，打造具有深厚文化底蕴与独特魅力的文化产品。通过产品创新与文化传承的结合，品牌不仅能够保持市场竞争力，还能在受众心中树立独特的品牌形象。

三、社会责任与可持续发展

社会责任与可持续发展是可持续文化艺术品牌的重要支撑。品牌应积极参与社会公益活动，如文化普及、艺术教育、环境保护等，展现品牌的社会责任感与人文关怀。同时，品牌还应关注自身的可持续发展，采取环保材料、节能减排等措施，降低对环境的影响。此外，品牌还应与产业链上下游企业合作，共同推动文化产业的可持续发展，实现经济效益与社会效益的双赢。

四、品牌传播与受众参与

品牌传播与受众参与是可持续文化艺术品牌推广营销的关键环节。在品牌传播方面，品牌应充分利用新媒体平台，如社交媒体、短视频等，扩大品牌的知名度与影响力。同时，品牌还应注重口碑传播，通过提供优质的产品与服务，赢得受众的信任与好评。在受众参与方面，品牌应鼓励受众参与品牌的创作与传播过程，如举办线上线下的互动活动、征集受众的创作作品等，增强受众的参与感与归属感。通过品牌传播与受众参与，品牌能够形成强大的品牌效应，吸引更多的受众关注与支持。

五、结论

重视建设可持续文化艺术品牌是文化艺术品牌推广营销的重要策略。通过以上策略，品牌能够构建独特的品牌形象与核心竞争力，实现长远发展与市场价值的最大化。同时，品牌还应持续关注市场动态与受众需求的变化，不断优化与调整推广营销策略，以适应市场的变化与挑战。在未来的发展中，可持续文化艺术品牌将成为文化艺术产业的重要力量，为推动文化产业的繁荣与发展贡献力量。

结语

随着全球化和数字化的快速发展，文化艺术品牌推广营销领域正经历着前所未有的变革与挑战。本书通过对当前文化艺术品牌的市场环境、受众特征、推广策略、营销工具及案例分析等多方面进行深入探讨，旨在为读者提供一个全面、系统的理论框架与实践指南。然而，面对瞬息万变的市场环境，我们的探索并未止步于此，而是以此为起点，向更加广阔的学术与实践领域延伸。

一、学术深度的拓展与融合

本书在学术层面上的探索，主要体现在对文化艺术品牌推广营销理论的深入挖掘与整合。书中不仅回顾了传统营销理论在文化艺术品牌中的应用与局限，还引入了品牌叙事理论、受众细分理论、数字营销理论等前沿学术成果，为文化艺术品牌的推广营销提供了新的视角与工具。这些理论的融合与运用，不仅丰富了文化艺术品牌推广营销的理论体系，还为实践提供了更为科学、系统的指导。

在学术深度的拓展方面，本书还尝试将文化艺术品牌推广营销置于更广泛的社会文化背景下进行考察。书中分析了全球化、数字化、消费升级等宏观因素对文化艺术品牌推广营销的影响，探讨了文化多样性与受众审美需求的变化,以及这些变化对品牌策略与传播方式的挑战与机遇。通过这种跨学科的视角,得以更深入地理解文化艺术品牌推广营销的复杂性与动态性。

二、对实践创新的持续探索

除了学术深度的拓展,本书还注重对实践创新的探索与总结。在推广策略方面,不但分析了文化艺术品牌如何通过差异化定位、情感共鸣、跨界合作等方式,提升品牌的知名度与影响力。同时,还探讨了数字化营销工具,如社交媒体、搜索引擎优化、内容营销、大数据与人工智能等,在文化艺术品牌推广中的应用与效果评估。对这些实践案例的分析与总结,不仅为文化艺术品牌的推广提供了可借鉴的经验,还为未来的实践创新提供了思路与启示。

在实践创新的探索过程中,我们还特别关注了受众参与与品牌共建的重要性。分析了受众在文化艺术品牌推广中的角色与行为特征,探讨了如何通过互动营销、用户生成内容、社群运营等方式,激发受众的参与热情与创造力,共同塑造品牌形象与品牌价值。这种以受众为中心的实践创新,不仅有助于提升用户对品牌的忠诚度与增强口碑效应,还为文化艺术品牌的长期发展奠定了坚实的基础。

三、面向未来的挑战与机遇

面向未来,文化艺术品牌推广营销领域将面临更为复杂多变的挑战与机遇。一方面,随着技术的不断进步与受众需求的变化,传统的推广营销方式将逐渐失去效力,品牌需要不断创新与调整策略以适应市场的变化;另一方面,全球化与文化多样性的趋势也将为文化艺术品牌提供更为广阔的发展空间与机遇。品牌可以通过跨文化交流与合作,拓展国际市场与受众群体,实现品牌的全球化与国际化。

在未来的挑战与机遇中,本书特别强调了可持续性与社会责任的重要性。文化艺术品牌不仅要追求经济效益的最大,还要关注社会效益与环境保护的可持续性。品牌应通过绿色营销、公益营销等方式，展现其社会责任感与人文关怀，赢得受众的信任与尊重。同时，品牌还应积极参与文化保护与传承工作，为文化艺术的繁荣发展贡献力量。

四、结语与展望

本书的撰写，旨在为读者提供一个全面、系统的理论框架与实践指南，帮助品牌更好地应对市场挑战与机遇。然而，文化艺术品牌推广营销是一个复杂而动态的过程，需要不断探索与实践。因此，本书只是我们学术与实践探索的一个起点，而非终点。

在未来，我们将继续深化对文化艺术品牌推广营销领域的研究与实践。关注新技术、新趋势对品牌推广的影响与机遇，探索更为高效、精准的营销策略与传播方式。同时，我们也将加强跨学科的合作与交流，借鉴其他领域的先进经验与成果，为文化艺术品牌的推广营销注入新的活力与灵感。

我们相信，在未来的探索与实践中，文化艺术品牌将不断展现出其独特的魅力与价值。它们将成为连接文化与受众的桥梁，推动文化艺术的传承与创新，为社会的繁荣发展贡献力量。而我们作为研究者与实践者，也将继续为文化艺术品牌的推广营销贡献我们的智慧与力量，共同书写文化艺术品牌发展的新篇章。